ELSA THIRIOT



# Éveil à la nature

## Jeux de découverte et d'expériences sensorielles

MANGO
éditions

# Sommaire

# *Ateliers scientifiques et petits bricolages.....74*

# Introduction

Cet ouvrage recense une quarantaine de projets simples et amusants, qui ont pour vocation de nourrir la curiosité et l'imagination de votre enfant à travers des expériences concrètes. Il ne s'agit pas de situations scolaires, telles que votre enfant peut en vivre à l'école, mais bien de pédagogie « domestique », car c'est à vos côtés avec votre étayage, que votre enfant construit, depuis sa naissance, ses savoirs les plus structurants. Ces activités sont divisées en trois catégories : en promenade expériences sensorielles et activités scientifiques et petits bricolages.
Au fil des séances, votre enfant s'investira de plus en plus aisément. Vous pourrez aussi les détourner et les adapter selon votre intuition grandissante.

## Présentation de l'auteur

Ma passion pour la pédagogie remonte à ma jeunesse : assistante d'éducation dans une école élémentaire de ZEP accueillant des enfants des gens du voyage, j'ai été profondément marquée par l'innovation permanente dont faisait preuve l'équipe éducative, et j'ai alors décidé de devenir professeure des écoles. Ma pratique de classe est aujourd'hui guidée par ces deux questions : « Comment cet enfant apprend-il ? Comment puis-je le rendre acteur de son apprentissage ? » En devenant maman, cet intérêt a pris un tour nouveau : j'ai ouvert un blog consacré à la manière dont un parent accompagne son enfant sur le chemin de la connaissance (« Merci qui ? Merci Montessori », consacré aux tout-petits de 0 à 3 ans, suivi de « Où es-tu Coquelipop ? », pour les 3 ans et plus). J'écris quotidiennement sur ce sujet depuis plusieurs années, et j'apprends ainsi chaque jour au contact de mes enfants et de mes élèves. J'espère vous transmettre un peu de mon enthousiasme !

## Sources d'inspiration

L'histoire de la pédagogie active commence au début du XX$^e$ siècle, dans un climat de questionnement foisonnant sur les questions éducatives. Parmi les nombreux pédagogues, trois courants se distinguent :

> **La pédagogie Montessori :** focalisée sur l'autonomie, elle permet à l'enfant de choisir librement ses activités selon ses goûts et ses besoins. Maria Montessori fait éclater le système scolaire classique (le maître devant ses élèves) : l'adulte se décentre, et observe l'enfant progresser à son rythme en s'appuyant sur un matériel ludique et concret.

> **La pédagogie Waldorf/Steiner :** c'est une pédagogie complexe, fortement liée à son histoire et à l'idéologie qui caractérise les courants de l'époque. En ce sens, elle a beaucoup vieilli et doit être considérée avec du recul. Néanmoins, elle a le mérite de poser des jalons indémodables : le respect des rythmes de progression de chacun, la priorité au jeu et aux activités créatives et artistiques, l'intégration des parents au sein de l'école...

> **La pédagogie Reggio Emilia :** née après la Deuxième Guerre mondiale en Italie, c'est une pédagogie « deuxième génération » qui, selon moi, synthétise les avancées de ses prédécesseurs et les dépasse. Pédagogie active par excellence, elle est basée sur le respect des droits et des potentialités des enfants.

## Jouer ensemble à tout âge

Vous pouvez jouer avec des enfants de tous âges, dès la naissance. Les âges ne sont donnés qu'à titre indicatif : chaque enfant est particulier et suit un rythme d'apprentissage qui lui est propre. Par ailleurs, une activité pour un tout-petit peut être tout aussi intéressante pour un plus grand car il en trouvera des variantes et parce que le jeu est amusant à tout âge ! (L'activité « 6 ans + » p. 65 s'adresse en particulier aux 6-8 ans.)

Mon plus grand souhait en rédigeant cet ouvrage est qu'il participe à nourrir vos relations familiales. Son chapitre le plus important reste à écrire : c'est ce que vous et votre enfant allez en faire ! Je vous souhaite beaucoup de plaisir !

Marcher en famille relaxe, développe l'indépendance, améliore l'humeur et tonifie le corps. Quel que soit votre lieu de vie, sortez tous les jours ! La plupart des jeux suivants peuvent être menés sur des trajets courts, en rentrant de l'école par exemple, et aussi bien en milieu urbain que rural. Les bénéfices de la promenade sur la santé de votre enfant sont innombrables, et elle permet aussi de partager de fabuleux moments en famille et de développer une connaissance intime du monde qui nous entoure !

# En promenade

# Encourager les enfants à marcher

Si vous aimez marcher, vous l'avez remarqué : lorsque l'enfant grandit et qu'il ne peut plus être porté, les randonnées doivent s'adapter aux petites jambes. Mais contrairement à ce que l'on pense souvent, un enfant, dès son plus jeune âge, est capable de réaliser d'assez longues marches, à condition qu'elles soient un peu planifiées.

## Le choix de l'itinéraire

### matériel

**Carte IGN. Pique-nique. Un sac à dos par personne, avec gourde, boussole, petit couteau...**

1 **Au moment de planifier votre sortie,** adoptez la perspective de l'enfant. Sur le trajet, trouvera-t-il des arbres à escalader, un ruisseau pour barboter ou une clairière agréable où vous pourrez pique-niquer ? En règle générale, évitez les itinéraires trop monotones. Un chemin tortueux est plus mystérieux qu'un grand axe rectiligne et un paysage changeant est une perpétuelle motivation pour faire quelques pas de plus : que trouverons-nous à la sortie du bois ? Un village ! Et après ce village ?... Pensez aussi à privilégier les circuits en boucle.

2 **Demandez son avis** à votre enfant quant à l'itinéraire, qu'il peut choisir avec vous. Penchez-vous ensemble sur la carte et laissez-le décider du chemin à prendre. Les enfants aiment parfois refaire des promenades qui leur ont laissé un bon souvenir : ne les privez pas de ce plaisir !

3 **Soyez flexible :** ne vous fixez pas sur un scénario idéal, mais gardez en tête plusieurs chemins possibles, dont quelques raccourcis. Vous passerez peut-être beaucoup de temps à un endroit parce que votre enfant va grimper aux arbres ! Repérez quelques chemins de traverse qui vous feront gagner du temps au retour si besoin.

4 **Annoncez un objectif.** Atteindre un sommet, une plage ou un lac, où vous pique-niquerez peut-être, voilà qui donne un sens à votre promenade et donne à votre enfant le désir d'y parvenir ! Pensez aussi aux monuments historiques ou aux musées, qui peuvent être visités sur la route. Essayez de lier ces objectifs avec les intérêts de votre enfant, en vous appuyant sur les livres ou les films qu'il affectionne : visiter un château digne de Harry Potter, chercher un trésor sur une île, imaginer que l'on est en pleine forêt amazonienne dans ce petit bois à deux kilomètres de chez soi...

**5** **Équipé comme un pro,** on se sent grand ! Prévoyez un petit sac à dos par marcheur, y compris pour les enfants. Ils seront ravis d'y placer leurs effets personnels : gourde, ficelle, boussole, jumelles, couteau suisse, sac pour les déchets... Prévoyez des petits en-cas de fruits secs qui motiveront les troupes lors des coups de fatigue.

**6** Partez le matin et **emportez un pique-nique**, même si la randonnée peut être faite en une heure ou deux. L'objectif n'est pas d'aller vite, mais de s'imprégner de l'environnement. La richesse du milieu naturel que vous visitez ne vous sera révélée que si vous prenez le temps de la voir. Arrêtez-vous souvent pour observer les petites bêtes et les fleurs !

# Sur la route

Une fois votre randonnée planifiée (voir p. 8-9), vous aurez peut-être besoin de déployer un peu d'astuce, chemin faisant, pour susciter chez votre enfant le désir de mettre un pied devant l'autre... Voici quelques idées !

## matériel

**Petit goûter, ficelle, couteau. Appareil photo, matériel à dessin (papier, boîte de penture, crayons de couleur). Un petit sac pour ranger les trésors collectés.**

1. **Ne marchez pas seuls :** la plus grande motivation, pour un enfant, est de marcher avec d'autres enfants. Invitez des amis ! Promener un chien (ou un âne !) est aussi une motivation de choix.

2. **Suivez les balises des randonnées :** les enfants deviennent vite experts pour repérer et interpréter ces marques et aiment les découvrir avant tout le monde.

### Lire les balises

*> Deux rectangles horizontaux : vous êtes dans la bonne direction.*
*> Un trait fléché indique un changement de direction.*
*> Deux rectangles en croix : ne pas prendre ce sentier !*
*> Les balises jaunes, qui indiquent des circuits courts, sont à privilégier pour les promenades familiales.*

3. **Jouez au Petit Poucet :** marquez votre chemin de petites surprises. Réalisez des édifices de pierres plates (cairns) ou plantez de petits bâtons, lorsque vous changez de direction. Les enfants aiment transformer l'environnement et se dire que d'autres remarqueront leurs œuvres !

4. **Collectionnez les trésors :** coquilles d'escargots vides, jolis cailloux, pommes de pin, coquillages... Prévoyez une petite place dans votre sac pour les objets collectés en chemin. La plupart d'entre eux sont des indices précieux sur la vie de la faune et la flore, et pourront donner lieu à de passionnantes recherches documentaires de retour à la maison. En chemin, ils servent de prétexte à de petits déguisements : de longues feuilles se font oreilles de lapin, les plumes ornent les casquettes... On marche mieux quand on imagine être un indien ou un oiseau !

5. **Le jeu de l'alphabet :** chacun essaie de trouver, dans son environnement, un objet dont le nom commence par le son « A » (« arbre », « abeille », etc.). Ceci fait, on passe au son « B » (« baie », « balise », etc.), et ainsi de suite.

6. Si le rythme se ralentit, un adulte peut partir en tête et **cacher sur le chemin une petite collation** (quelques fruits secs dans une boîte) : sur une souche, un rocher, suspendu à une branche par une ficelle... L'enfant a pour mission de trouver ce « trésor » et obtient le droit de le déguster.

*Conseil*

*Il n'est pas nécessaire que votre enfant sache lire pour ce jeu, accessible dès 4 ans. Peu importe l'écriture des mots, il s'agit ici de phonologie : l'enfant prend conscience que le discours est formé de sons, qu'il entend et isole à l'oreille : « ch » comme « châtaigne », « è » comme « haie »...*

7 **Faites des pauses :** ce peut être l'occasion de prendre quelques photos ou de réaliser un dessin du paysage. Emportez un carnet et quelques crayons de couleur.

8 **Laissez votre enfant vous guider,** en lui proposant de prendre la tête du groupe et de choisir l'itinéraire. Aucune fatigue ne résiste à cette responsabilité !

# Petit reporter

Plus l'enfant prend de photos, plus il fait de bonnes photos ! La photographie est également un excellent moyen de connexion au monde naturel, qui motivera plus d'un petit récalcitrant à aller se promener !

## matériel

**Appareil photographique numérique.**

1. **Montrez à votre enfant comment se servir de l'appareil.** S'il comporte une sangle, elle doit être passée autour du cou avant l'allumage – c'est également la dernière chose qu'on ôte, une fois l'appareil éteint. Montrez à votre enfant comment allumer l'appareil, comment zoomer, comment visionner ses clichés. Expliquez-lui qu'on ne fait rien d'autre avec cet instrument que photographier – pas question d'escalader ou de courir avec l'appareil autour du cou !

2. Sortez, et **laissez votre enfant photographier à loisir**. La première fois, l'enfant capture souvent tout sans distinction. Laissez-le faire ; les appareils numériques ont l'avantage de lui permettre de prendre autant de clichés qu'il le souhaite !

3. Un autre jour, ou lorsque l'intérêt retombe, **lancez-lui le défi suivant afin d'aiguiser son regard** : « *Peut-on photographier des objets qu'on ne montre pas d'habitude ? Des choses pas forcément jolies, qu'on préfère peut-être cacher...* ». Cherchez ensemble des sujets insolites : orteils poussiéreux, ombres, branches griffues...

4. **Lancez-lui un défi « gros plan ».** L'objectif est de s'exercer à trouver la bonne distance objectif /objet. Les photographies seront certainement floues au début, ce n'est pas grave !

### Défi « gros plan »

*Peux-tu photographier :*

*1. Une petite fleur ?*
*2. Le détail d'un outil de jardin ?*
*3. Le détail d'une fenêtre ?*
*4. Une petite feuille ?*
*5. Une graine ?*

Dès 3 ans

❺ Invitez votre enfant à **changer de perspective**. Photographier d'en haut (plongée) ou d'en bas (contre-plongée) distord le sujet. Demandez-lui de photographier une fleur en position debout, puis accroupie ; de capturer une branche haute les deux pieds au sol, puis juché sur un rocher. Visionnez ensemble les clichés : que constate-t-il ?

❻ **Au moment de partir en promenade**, proposez-lui d'emporter son appareil photo. Il est bon cependant de discuter en amont du type de photographies qu'il aimerait rapporter. Est-il souhaitable de « tout » prendre, et de vivre la balade l'œil collé à l'objectif ? Voir le monde à travers un objectif n'empêche-t-il pas de « voir » tout court ?

### *Défi « arc-en-ciel », pour le printemps*

*Peux-tu photographier une fleur de chacune des couleurs de l'arc-en-ciel : violet, indigo (bleu foncé), bleu, vert, jaune, orange et rouge ?*

❼ Au retour, visionnez et **triez les clichés en famille**. Évitez les jugements de valeur (« *C'est beau* »), mais orientez votre enfant vers des considérations techniques : « *Tu tenais l'appareil en position verticale, le champignon paraît donc plus grand* » ; « *Cette fleur est floue, peut-être parce que tu as bougé, ou bien tu te tenais trop près ?* ».

### *Des défis photos clés en mains !*

*Notez ces petits défis sur une fiche que vous emporterez en promenade.*

*Photographie :*

1. *Quelque chose qui vient de naître.*
2. *Quelque chose que tu aimes.*
3. *Quelque chose vu d'en haut.*
4. *Quelque chose d'humide.*
5. *Quelque chose qui fait du bruit.*

1. *Quelque chose qui se mange.*
2. *Quelque chose qui sent bon.*
3. *Quelque chose en noir et blanc.*
4. *Quelque chose de frais.*
5. *Un objet typique de la saison.*

1. *Quelque chose de très mignon.*
2. *Quelque chose qui brille.*
3. *Quelque chose de bleu.*
4. *Un animal.*
5. *Quelque chose d'or et d'argent.*

1. *Le temps qu'il fait.*
2. *La lumière.*
3. *Quelque chose de doux.*
4. *Quelque chose à tes pieds.*
5. *Un paysage.*

# La roue des couleurs

Au cours de cette activité, les enfants se font détectives et observent leur environnement avec une attention particulière. La roue chromatique est un outil attrayant, qui affine les perceptions et incite à prêter attention aux nuances fines.

## matériel

**Roue chromatique à télécharger et à imprimer grâce au QR-code ci contre.**
**Boîte en plastique avec couvercle. Ciseaux, colle. Appareil photo.**

1. Imprimez ou reproduisez **la roue des couleurs**. Glissez-la dans votre sac en vue de la prochaine sortie familiale.

2. **En promenade,** attirez l'attention de votre enfant sur les couleurs qui l'environnent : vert, bleu... Mais encore ? Combien de couleurs différentes percevez-vous autour de vous ? Quelle est la couleur la plus répandue chez les fleurs de saison ? Expliquez à votre enfant que les couleurs vibrantes des fleurs attirent les insectes pollinisateurs. Attirez son attention sur la forme des pétales – se ressemblent-ils tous ? - et comptez ensemble le nombre de pétales de quelques spécimens.

3. Présentez la roue chromatique à votre enfant. Faites-lui nommer les couleurs représentées et proposez-lui de cueillir un élément naturel correspondant à chaque nuance. Encouragez-le à **comparer la teinte choisie** avec celles de la roue. Placez vos trouvailles au fur et à mesure dans une boîte en plastique.

### Conseil

*Enseignez à votre enfant de ne prendre qu'un seul spécimen de chaque espèce. Expliquez-lui que les plantes ont besoin de rester vivantes, sur place, pour pouvoir se reproduire ! Dans tous les cas, on ne cueille que les espèces présentes en abondance.*

4. De retour à la maison, invitez votre enfant à découper une parcelle de chaque échantillon pour la **coller sur la roue**, dans la section correspondant à sa couleur.

5. **Observez** la richesse de la gamme chromatique récoltée. Certaines couleurs sont-elles mieux représentées que d'autres ? En sera-t-il de même dans trois mois ?

### Conseil

*Cette activité mérite d'être proposée une fois par saison. En mettant en lumière les caractéristiques de chaque période de l'année, elle développe le sens de l'observation et la conscience du temps qui passe.*

6 Photographiez l'œuvre finale afin d'en conserver une trace et de pouvoir **comparer les différentes roues que vous composerez**, en fonction des régions ou des saisons.

*Prolongement*

*Cette activité affine le sens de la vue. Prolongez-la en proposant en promenade d'autres activités sensorielles à votre enfant : sentir le vent contre son visage, marcher pieds nus, toucher le sol à pleine paume, écouter les sons environnants...*

# Petites bêtes

Profitez de la fascination que les insectes exercent souvent sur les enfants pour les étudier de près ! Tous les insectes partagent des caractéristiques anatomiques, même si, au cours de l'évolution, chaque espèce a développé une morphologie et un comportement adaptés à son habitat.

## matériel

**Loupe, petits bocaux ou boîtes à insectes, tissu blanc. Matériel à dessin : carnet de croquis et crayons de couleur.**

1. **En promenade,** visitez une zone d'herbes hautes pour observer la vie des insectes. Demandez à votre enfant d'écouter quelques minutes sans faire de bruit : peut-on entendre les insectes ? Combien de sons différents perçoit-il ? Peut-il se rapprocher des insectes en se laissant guider par ces sons ?

2. **Retournez de grosses pierres** et observez les petites bêtes qui vivent dessous. Replacez délicatement les cailloux après observation !

### Conseil

*Retrouvez toutes nos astuces pour « chasser » les insectes avec tout le respect qui leur est dû p. 20-21 !*

3. **Observez :** que font les insectes ? Ils volent autour des fleurs, ils mangent les feuilles, ils marchent sur le sol… Déposez un tissu blanc au sol dans une zone d'herbes hautes. Marchez à travers les herbes autour du tissu et observez les insectes qui sautent et rampent sur le tissu.

4. **Lancez ce challenge à votre enfant :** sera-t-il assez patient pour observer un insecte dans son environnement sans le quitter des yeux pendant au moins deux minutes ? La patience est la première vertu scientifique ! Que fait l'animal ? Comment se déplace-t-il ?

5. **Laissez votre enfant choisir un spécimen** et aidez-le à le recueillir délicatement dans un petit bocal pour l'observer de plus près. Invitez votre enfant à utiliser la loupe et aidez-le à verbaliser ses observations à l'aide de questions.

Dès 4 ans

## *Observer un insecte*

*> Que remarques-tu en premier chez cet insecte ?*
*> Vois-tu des ailes ?*
*> Vois-tu des pattes ? Combien de paires de pattes peux-tu voir ? Toutes les pattes ont-elles la même longueur ?*
*> A-t-il une carapace brillante ?*
*> A-t-il des poils ?*
*> A-t-il des antennes ?*
*> Regarde ses yeux. Paraissent-ils grands ou petits par rapport au corps de l'animal ?*
*> Peux-tu regarder sa bouche de près ?*
*> Quelle sont les parties du corps qui bougent en ce moment ?*

6 Proposez à votre enfant de **dessiner insecte** avant de le relâcher.

## *Prolongements*

*> Pour une observation nocturne, rendez-vous p. 106-107.*
*> Proposez à votre enfant de construire un insecte avec des legos®, des cubes ou des matériaux de récupération (boîte à œufs, fil de fer, végétaux divers...). C'est une excellente manière de consolider ses connaissances sur l'anatomie de ces animaux : corps en trois parties, six pattes, antennes...*

# Chasse minuscule

La chasse aux insectes permet d'affiner la connaissance des petites bêtes qui vivent à nos côtés dans les parcs, les jardins et les bois. Voici des méthodologies simples selon le type de terrain d'exploration de vos enfants, qui permettront à la fois l'observation efficace et le respect des espèces étudiées.

## matériel

**Bâche en plastique, gants de jardinage, boîtes à insectes ou boîtes en plastique transparent, pinceau-brosse, loupe. Facultatif : guide des insectes.**

1 **Dans le bois mort :** si vous trouvez un arbre mort sur votre chemin de promenade, prenez le temps de toucher sa surprenante texture spongieuse et friable.
Attirez l'attention de votre enfant sur la vie qui grouille sur l'écorce. Expliquez-lui l'importance des arbres morts dans l'écosystème forestier : certains insectes, comme le lucane ou le capricorne, ne peuvent vivre qu'à proximité d'une souche pourrie. De plus, la putréfaction du bois enrichit le sol et permet aux jeunes arbres de bénéficier de nutriments essentiels.

2 **Dans les feuilles :** déposez une brassée de feuilles mortes, partiellement décomposées, sur une bâche en plastique étendue au sol. Montrez à votre enfant comment retourner précautionneusement les feuilles – portez éventuellement des gants ou utilisez un bâton. Cueillez les petites bêtes qui apparaissent à l'aide du pinceau et déposez-les délicatement dans une boîte fermée (ménagez de minuscules trous pour l'aération si nécessaire). Observez-les à la loupe et décrivez-les ; vous pouvez rechercher le nom de chacune dans un guide avant de les relâcher dans les feuilles mortes à l'endroit même où vous avez prélevé votre échantillon.

Dès 4 ans

3 **Sous les bûches et les branches :** soulevez élicatement un rondin, et basculez-le sur le ôté pour observer limaces et cloportes qui e cachent contre la terre fraîche. Replacez oujours la bûche dans sa position initiale à a fin de l'exploration. Rien ne vous empêche le placer vous-même, avec votre enfant, une rosse branche sur le sol, et de venir onstater, quelques semaines plus tard, les spèces qui sont venues s'y réfugier.

*La sécurité d'abord !*

*Assurez-vous que votre enfant se lave soigneusement les mains après l'exploration.*

# Œil de lynx

La plupart des espaces, y compris les espaces microscopiques (dans le sol, dans l'air, sur notre peau...), abritent des formes de vie fascinantes et inconnues. Incitez votre enfant à se tenir à l'affût des détails offerts par son environnement naturel pour renforcer son sens de l'observation et sa prise de conscience du monde qui l'entoure.

## matériel

**Facultatifs : loupe, carnet de notes et crayon.**

1 Lors de vos promenades, habituez-vous à **regarder les choses et les êtres** de très près. Commencez par attirer l'attention de votre enfant sur les manifestations naturelles les plus évidentes et les plus affectives : le dessin des pétales d'une fleur, les stries d'un coquillage, les couleurs d'une plume...

2 Organisez « des chasses aux trésors » lors de vos promenades pour aiguiser le regard de votre enfant (voir p. 26, « Jeux de piste, mode d'emploi »). Votre petit agent secret saura-t-il dépister dans son environnement : une toile d'araignée ? Une feuille trouée par les mandibules d'une chenille ? La trace encore gluante d'une limace ?

3 Petit à petit, **intéressez-vous à des détails plus subtils** qui n'apparaissent pas au premier regard : les escargots coniques minuscules qui peuplent les mousses, les yeux des petites araignées sauteuses, l'éclat de diamant d'un grain de sable...

### Conseil

*Adaptez la difficulté des chasses aux trésors à l'âge de votre enfant et pensez à varier vos zones d'exploration (terre, écorce, eau...).*

4 Lorsque votre enfant est prêt, circonscrivez ensemble **un tout petit espace** (correspondant à la superficie d'une main d'adulte, par exemple). Balisez la zone à l'aide de brindilles plantées dans le sol ou de tracés à la craie, et faites ensemble l'inventaire de toutes les manifestations de vie (animales et végétales) que vous y trouverez. Variez les zones d'exploration : prairie, plage, forêt, pelouse, trottoir, boue, flaque...

5 **Observez le plus finement possible.** Utilisez une loupe si vous en possédez une. Que découvrez-vous ? Encouragez votre enfant à décrire ses trouvailles, à les prendre en note, à comparer les différents écosystèmes rencontrés selon le milieu exploré.

# Vous prendrez bien un petit ver ?

Les animaux les plus banals sont aussi fascinants que les extraterrestres et les monstres de légende… Qu'est-ce qui n'a pas de squelette, pas d'yeux, qui respire par la peau et se nourrit de déchets, et qui est très sensible aux variations de lumière et aux vibrations ?

## matériel

**Vêtements de pluie (bottes, pantalon imperméable, ciré…). Aquarium. Terreau, sable, terre. Feuilles mortes, feuilles de laitue. Carton ondulé.**

1. Sortez **après une bonne pluie** avec votre enfant pour une promenade sensorielle. Attirez son attention sur la consistance de la terre gorgée d'eau sous vos pieds, écoutez le bruit de vos pas dans la boue, et comparez les différentes sensations selon la nature du sol (dans l'herbe, sur la terre nue, dans les graviers…).

2. Explorez ensemble la surface du sol **à la recherche de vers de terre**. Observez-les en mouvement sans les toucher : comment bougent-ils ? Où vont-ils ? Que font-ils ? Expliquez à votre enfant l'action et l'utilité du lombric.

3. De retour à l'intérieur, amusez-vous **à ramper comme un ver** : étirez-vous le plus possible, grandissez-vous, puis contractez-vous au maximum… Tortillez-vous ! Aidez votre enfant à prendre conscience de la présence des nombreux muscles qui, sous la peau du ver, lui permettent de réaliser des mouvements d'une efficacité inimitable.

4 **Préparez un terrarium** avec votre enfant : déposez une couche de terreau épaisse de 4 ou 5 cm, puis une couche de sable, une de terre, et ainsi de suite jusqu'à la moitié de la hauteur. Déposez sur la surface une grosse couche de feuilles mortes additionnée de feuilles de laitue déchirées en tout petits morceaux. Ramassez une dizaine de vers de terre très délicatement en prélevant aussi la terre qui les environne. Installez-les dans l'aquarium dont vous tapisserez les parois avec du carton ondulé, qu'il vous suffira de déplacer pour observer l'activité de vos hôtes.

5 Vaporisez fréquemment un peu d'eau de pluie (le terrarium doit être humide mais pas mouillé). Que constatez-vous au bout d'un mois ? N'oubliez pas de relâcher vos protégés à l'endroit où vous les avez pris.

### Prolongement

*Expliquez à votre enfant que l'usage d'une fourche bêche, plutôt que d'une bêche classique, permet d'amoindrir les risques de tuer ces petits héros de la biodiversité du sol, et expliquez-lui l'importance de ne pas utiliser de pesticides dans le jardin : le ver de terre est un maillon essentiel de la chaîne alimentaire !*

# Jeux de piste, mode d'emploi

Les jeux de piste sont irrésistibles : ils enthousiasmeront les plus indifférents au monde de la nature, les initieront au monde des sciences et les sensibiliseront à leur environnement de manière ludique.

## matériel

**Sacs ou boîtes pour récolter les trésors. Facultatif : guides nature, jeu de piste préparé au préalable par l'adulte.**

1. Les meilleurs jeux de piste sont souvent **improvisés** : « *Qui trouvera l'élément naturel le plus intéressant de ce petit bois ?* ». Une fois la chasse accomplie, chacun explique pourquoi il a choisi tel ou tel objet. Encouragez votre enfant à réfléchir sur la fonction de son trésor au sein de la nature : une coquille de noisette rongée, par exemple, est le témoin que son fruit a certainement nourri un animal. La coque va s'enfoncer dans le sol et se décomposer lentement, aérant ainsi la terre avant de l'enrichir. Insistez sur le fait que, si certains éléments peuvent être rapportés à la maison pour rejoindre une collection ou servir de base à une activité créative, la plupart devront être remis à l'emplacement où ils ont été trouvés.

2. Vous pouvez aussi **anticiper** et préparer à l'avance, en vous appuyant sur vos observations personnelles et la connaissance que vous avez du milieu, une liste de « trésors » à dénicher : un beau caillou, trois coquilles d'escargots vides, cinq glands...

3. Tout jeu de piste peut être **adapté à l'âge de l'enfant** : aux plus jeunes, on demande de rapporter « cinq feuilles différentes », « une plume et une pomme de pin », « quelque chose de gris »... Les consignes sont orales (et souvent improvisées en fonction du milieu), mais vous pouvez aussi vous appuyer sur des images. Les plus grands relèveront des défis à leur mesure : trouver un gland ou un marron germé, repérer la trace du passage d'un animal (une fiente, une touffe de crin ou de poils)...

Dès 3 ans

*Prolongement*

*Les jeux de pistes des grands jours se constituent d'une série d'énigmes ou de rébus : « De quelle couleur sont les fleurs de cardamine ? », « Observe l'ancolie : son nom vient du mot "aigle". Pourquoi ? »... Choisissez des questions qui nécessitent la consultation d'un guide et théâtralisez en cachant les énigmes dans de petites enveloppes : vous les donnerez au fur et à mesure à votre enfant, lorsque la question précédente aura été résolue.*

# Jeux de piste, variations

**Les meilleurs jeux de piste sont souvent improvisés et nécessitent peu de temps et de préparation. Pour les grandes sorties du week-end, vous pourrez complexifier le jeu et les énigmes en imaginant de véritables chasses au trésor ! Voici quelques idées pour varier les idées et les plaisirs.**

### Conseil

*Avant de commencer cette activité, reportez-vous à la p. 26, « Jeux de piste, mode d'emploi ».*

- **En promenade.** Si votre enfant fatigue, lancez un petit défi qui saura le motiver : « *Trouve une chose qui ne sent pas bon* », « *Trouve trois choses qui montrent que c'est l'automne* », « *Trouve deux choses qui sont bonnes à manger pour les humains* », etc.

- **Jeu de course.** « *Qui sera le premier à rapporter une plume, une pomme de pin, un coquillage… ?* », « *Qui rapportera la plus grande feuille morte ? La coquille d'escargot avec le plus de stries ?* » Évitez cependant ces jeux compétitifs avec des enfants de 4 ans, qui vivent difficilement l'échec.

- **Imaginaire.** « *Peux-tu trouver la cape d'une fée, le chapeau d'un elfe ? Une écaille de dragon, un ongle de gnome ?* » Solliciter l'imaginaire permet de voir le monde sous un autre angle !

- **Miniature.** Donnez à votre enfant un petit récipient (une alvéole de boîte d'œufs découpée, une boîte d'allumettes vide…) et demandez-lui de récolter des objets pouvant y entrer : une graine, un morceau de verre poli, un gravier, une épine… À l'issue d'un temps imparti, arrêtez-vous pour déployer ce trésor minuscule sur un mouchoir, observer et compter les éléments, les trier par catégories…

- **Logique.** Confiez à votre enfant une boîte de douze œufs vide. Demandez-lui de récolter six objets similaires et six objets différents, et de placer chacun dans une alvéole. À lui d'expliquer ensuite les critères qu'il a retenus en termes de similitude et de différence.

- **Jeu de Kim.** Récoltez une dizaine d'éléments naturels et cachez-les sous un foulard. Montrez un objet à votre enfant pendant quelques secondes, puis cachez-le à nouveau. Saura-t-il retrouver un objet similaire dans son environnement ?

- **Narratif.** Cachez les indices dans des enveloppes que vous disposerez les unes à l'intérieur des autres, chacune contenant ainsi l'énigme suivante. Imaginez un jeu de piste comme une histoire : par exemple, chaque indice peut donner les caractéristiques d'une brindille de bois sec… et la dernière épreuve peut consister à allumer un feu avec les branches récoltées !

*La sécurité d'abord !*

Enseignez à votre enfant à ne pas collectionner les fleurs sauvages, qui peuvent s'observer sans être arrachées, et à ne pas toucher les baies, potentiellement toxiques. Assurez-vous qu'il se lave les mains après le jeu.

Dès 3 ans

# Cherchez l'indice !

Cette activité sensibilise l'enfant au règne animal et à l'environnement. Certaines traces, comme les restes de nourriture ou les crottes, sont de précieux indices sur les habitudes des animaux qui vivent à nos côtés. Encouragez les collections de plumes, elles sont très agréables à manipuler et serviront de base à de nombreuses autres activités créatives.

## matériel

**Loupe, sac à trésors, bâton, guide nature. Petit récipient, pince à épiler. Papier essuie-tout. Facultatif : eau de Javel.**

1. **Plumes.** Enquêtez avec votre enfant sur ce que vous dit celle que vous trouvez au sol et invitez-le à observer les motifs et les couleurs de cette plume en particulier, à rechercher à quelle espèce elle appartient et de quelle partie du corps elle provient. Si elle est isolée, usée et effilochée, l'oiseau l'a certainement perdue lors d'une mue. Si les plumes sont retrouvées groupées en grande quantité, il s'agit plutôt de la trace d'une prédation. Incitez votre enfant à valider ces hypothèses par d'autres indices.

2. **Ossements**. Ils témoignent généralement d'une prédation. Si le squelette a été nettoyé par les charognards et le soleil, vous pouvez le prélever pour le conserver et l'identifier.

3. **Restes de repas.** Cherchez sous les arbres des fruits tombés au sol (gland, le fruit du chêne ; faine, le fruit du hêtre...). Chaque animal les grignote à sa manière : le coléoptère fore un trou dans la noisette, alors que l'écureuil la casse en deux. De même, observez au plus près les morsures laissées dans les feuilles par les insectes ou les chenilles, les pommes de pin rongées... et retrouvez le nom de l'animal qui s'est régalé !

Dès 3 ans

**4 Pelotes de réjection.** Vous les trouverez certainement à l'orée des nids de rapaces, mais aussi de corvidés (comme les corbeaux freux) et de laridés (comme les goélands). Leur dissection vous permettra de connaître le régime alimentaire de chaque oiseau. Aidez votre enfant à les observer (à la loupe et à la main, avec des gants) et à les décrire. Pesez-les, puis trempez-les dans un récipient d'eau avant de les déposer sur du papier absorbant et de les ouvrir avec une pince à épiler. Une fois la dissection terminée, triez les éléments découverts par catégorie : poils, plumes, os, morceaux de coquille, végétaux... Si vous souhaitez les garder, trempez rapidement les petits ossements dans de l'eau javellisée.

**5 Excréments.** Les matières fécales font partie des indices les plus intéressants sur la vie animale : ils permettent à la fois de certifier la fréquentation d'un lieu par telle espèce, et de fournir des informations sur son régime alimentaire.

*La sécurité d'abord !*

*Ne laissez pas votre enfant toucher les excréments avec ses mains. S'il souhaite y découvrir des indices sur le régime alimentaire de l'animal, il peut utiliser un bâton.*

# Premier herbier

Votre enfant rapporte invariablement de vos promenades des bouquets dont vous ne savez que faire ? La réalisation d'un herbier en famille allie le plaisir à la découverte et à la sensibilisation scientifique !

## matériel

***Pour la récolte :* petit sécateur ou ciseaux, petite pelle, boîte en plastique avec couvercle, carnet de notes et crayon. *Pour le séchage :* gros livres. *Pour l'herbier :* grand classeur, papier à dessin, perforatrice, pince à épiler, étiquettes, ruban adhésif, stylo.**

1. **En promenade,** laissez votre enfant prélever les spécimens qui l'attirent. Toutes les parties d'une plante sont intéressantes : feuilles, tiges, racines, bourgeons, graines... Veillez simplement à ne pas cueillir les espèces rares ou protégées, et enseignez à votre enfant de ne cueillir que ce dont il a besoin. Entreposez les récoltes dans une boîte en plastique. Pour chaque plante, notez le lieu et la date de la récolte, ainsi que son nom si vous le connaissez.

2. De retour à la maison, **mettez immédiatement les plantes à sécher**. Placez-les entre les pages d'un gros livre en les étalant soigneusement. Placez sous presse, en empilant plusieurs ouvrages, et laissez sécher quinze jours.

3. Pendant ce temps, menez une recherche pour **identifier les plantes** récoltées et notez leur nom commun ainsi que leur nom scientifique dans votre carnet.

### Conseil

*N'ayez crainte de nommer les végétaux par leur nom : l'enfant, même tout petit, peut être très sensible aux sonorités latines ! L'objectif n'est pas ici de tout retenir, mais de se délecter de mots nouveaux et d'élargir l'horizon de la curiosité.*

4. **Préparez les pages de l'herbier avec votre enfant :** perforez les feuilles de papier à dessin pour pouvoir les ranger dans le classeur. Les plantes peuvent être rangées par ordre chronologique (par années, saisons...) ou thématiques (espèces, couleurs lieux...), selon le désir de votre enfant.

5. Montrez à votre enfant comment **manipuler les végétaux séchés avec précaution**, par exemple en utilisant une pince à épiler. Il est d'usage de consacrer une page à un spécimen, mais votre enfant peut aussi choisir de composer de petits collages créatifs mêlant plusieurs espèces. Aidez-le à coller les extrémités de chaque plante avec de petits morceaux de ruban adhésif.

Dès 4 ans

> **Conseil**
>
> *Certains éléments, comme les pétales, peuvent être fixés à la colle blanche.*

6 **Étiquetez** ensemble votre travail : noms complets des spécimens, date et lieu de récolte. Votre enfant peut vous dicter toute observation qu'il souhaite ajouter, concernant la couleur, le parfum, la texture, les dimensions, l'utilisation en cuisine ou en médecine…

# Memory des végétaux

Cette séance développe le sens de l'observation et la mémoire de l'enfant, elle initiera également toute la famille à la botanique !

## matériel

**Foulards unis ou coupons de tissu. Guide des plantes sauvages de votre région.**

1 Au cours d'une promenade, collectez discrètement **cinq fragments** de plantes distinctes : feuille, fleur, gousse, fruit, tige... Choisissez des plantes communes, qui ne souffriront pas d'être prélevées et qui seront faciles à retrouver par la suite.

2 Proposez à votre famille de faire une pause si la fatigue se fait sentir, et **organisez votre jeu** : sans que personne ne regarde, étendez un foulard sur le sol et disposez dessus, esthétiquement, vos échantillons de végétaux. Recouvrez votre travail d'un deuxième foulard.

3 Invitez les vôtres à **se regrouper** autour de vous, donnez à chacun (ou à chaque équipe) un foulard et expliquez les règles du jeu : « *Je vais soulever ce foulard trente secondes. Pendant ce temps, vous prendrez une photographie mentale, non seulement des plantes et de leur disposition, mais aussi des parties qui les représentent. Ensuite vous devrez retrouver les mêmes plantes autour de vous et reconstituer le même dessin.* »

4 Au bout de quelques minutes de jeu, proposez à ceux qui le souhaitent de regarder votre composition **une deuxième fois**. Admirez en silence avec quelle concentration ils prennent alors les indices qui leur manquent !

5 Lorsque tout le monde a fini, dévoilez le « modèle » et **comparez les propositions** en commentant les différences et les similitudes. Clôturez le jeu par une recherche dans un guide des fleurs de votre région, afin d'identifier les plantes et le nom des parties prélevées.

Dès 6 ans

*Conseil*

*Adaptez la complexité du jeu à l'âge de votre enfant : le nombre d'éléments peut être diminué ou augmenté, les fragments choisis peuvent aider plus au moins à identifier la plante, vous pouvez montrer la composition plus ou moins furtivement...*

# *Balade nocturne : on se prépare...*

La plupart des enfants ont peu l'occasion de faire l'expérience de l'obscurité – en particulier s'ils habitent dans une ville, éclairée à toute heure. La plus banale des promenades devient pourtant extraordinaire si elle est effectuée de nuit. Une fois les yeux habitués au noir, l'excitation cède la place à la concentration ; tous les sens sont en éveil. C'est l'activité idéale pour vaincre les terreurs nocturnes !

## *matériel*

**Vêtements sombres, chaussures confortables et silencieuses, lampes torches (aux batteries rechargées !), jumelles, pique-nique et bouteille isotherme de chocolat chaud. Maquillage de camouflage (optionnel).**

1. **Choisissez un itinéraire** naturel familier, même court, mais éloigné de toute lumière artificielle. Il peut s'agir d'un parc ou d'un jardin si vous habitez en ville.

2. Si vous en avez l'occasion, n'hésitez pas à **baliser le parcours en amont** à l'aide de bracelets-tubes phosphorescents accrochés aux branches, ou de flèches tracées à la craie, que les enfants repéreront à la lueur de leurs lampes torches.

3. Habillez-vous de **vêtements sombres** qui ne bruissent pas. Amusez-vous à vous maquiller à l'aide de fusain ou d'un peu de glaise : le succès est garanti auprès des jeunes explorateurs ! Mettez des chaussures souples mais solides, adaptées au terrain choisi.

> ### *Conseil*
> *Fixez un morceau de Cellophane rouge devant l'ampoule de vos lampes : ainsi, les animaux sauvages ne seront pas dérangés...*

4. Consultez **l'heure du coucher du soleil** et ne soyez pas en retard : c'est au crépuscule que la plupart des animaux nocturnes s'ébattent, il s'agit de ne pas les rater !

Dès 3 ans

# Balade nocturne : on y va !

La promenade de nuit en famille est fascinante quelle que soit la saison. En hiver on appréciera de pouvoir proposer cette activité sans déroger aux horaires habituels du coucher des enfants. Au printemps et en automne, la faible densité de la végétation accroît les chances d'apercevoir les animaux du crépuscule. En été, entre la danse des chauves-souris et l'éclat des étoiles, la nuit revêt son costume de fête…

1. Pendant la promenade, encouragez vos enfants à **ne pas utiliser leur lampe** systématiquement. Une fois leurs yeux accoutumés à l'obscurité, ils seront étonnés de percevoir autant de détails.

2. Pour rendre l'expérience encore plus sensorielle, et si le terrain et la saison s'y prêtent, autorisez-les à marcher **pieds nus** sur de petites distances.

3. Prenez le temps d'explorer **minutieusement**, à l'aide de petites lampes, certains recoins naturels : soulevez les grosses pierres, inspectez les troncs spongieux des arbres creux… N'oubliez pas de toujours relâcher les petites bêtes là où vous les avez trouvées, et de remettre les éléments naturels à leur place.

4. Arrêtez-vous **dans un endroit dégagé**, au centre duquel vous poserez une grande lanterne. Chacun s'isole alors légèrement, à condition de ne pas perdre de vue ce repère convenu ; après avoir écouté les bruits de la nuit, toute la famille revient dans le cercle pour décrire ses expériences.

5. **Observez le ciel** en silence, en vous passant une paire de jumelles pour observer les reliefs de la lune ou la myriade d'étoiles au-dessus de vos têtes.

### *La sécurité d'abord !*

*Assurez-vous que tout le monde reste groupé, et demandez aux enfants de circuler par groupe de deux (placez toujours un adulte à l'avant, et un autre à l'arrière du groupe). Attachez un brassard fluorescent au bras de chacun des enfants et apprenez-leur à marcher lentement et précautionneusement pour éviter les obstacles.*

Dès 3 ans

Tout au long de leur croissance, les enfants utilisent leurs sens pour connaître et comprendre le monde qui les entoure. Les pédagogues le savent : on apprend mieux et on retient plus d'informations lorsque la situation d'apprentissage engage les sens. Les jeux sensoriels qui suivent encouragent l'exploration et engagent l'enfant à mettre en œuvre, très naturellement, une démarche scientifique, en jouant, créant, observant et enquêtant. Ce sont, de plus, des activités relaxantes par excellence !

# Expériences sensorielles

# Dehors, c'est chez moi !

Pensez toujours l'environnement extérieur comme un espace d'apprentissage. C'est un lieu idéal pour être, faire, rencontrer, jouer, penser et rêver, parler, écouter, se reposer ou manger. La plupart des activités classiques sont transposables à l'extérieur et se chargent aussitôt d'une profondeur d'expérience qu'elles n'ont pas à l'intérieur.

## Lire dehors

### matériel

**Livres, vieilles couvertures, coussins et poufs...**

Au retour d'une visite à la bibliothèque, proposez à votre enfant d'installer son petit coin à lui sur votre balcon ou dans votre jardin pour découvrir les albums empruntés. Proposez-lui des couvertures, quelques coussins et poufs, et laissez-le arranger son espace à sa guise. N'hésitez pas à vous éloigner un peu pour ménager sa concentration : le plaisir de lire dehors, dans un petit espace aménagé par soi, est un bonheur très personnel !

## Tracer dehors

### matériel

**Craies de trottoir, vaporisateur rempli d'eau, supports variés : sol de terrasse, mur, trottoir, écorce, meuble d'extérieur en bois, grosse pierre, grand tableau noir fixé à un mur du jardin...**

Veillez à ce que les supports soient à hauteur d'enfant et proposez de dessiner dessus avec de grosses craies. Vous pouvez choisir de vous concentrer sur un support par jour, ou d'en présenter un nouveau lorsque vous sentez que votre enfant se lasse. Laissez-le manipuler les craies et le pulvérisateur. Commentez ses actions : *« Tu as tracé un large cercle rouge. La couleur change quand tu ajoutes de l'eau. Tu aimes toucher, tu étales avec tes paumes. Tu mélanges, regarde : ça fait une nouvelle couleur ! »*

Dès 1 an

### *Variante*

*En été, proposez de laisser des traces au moyen d'un pinceau trempé dans un bol d'eau. La magie des traces qui s'estompent au soleil est une autre expérience physique intéressante !*

# Ralentir

Aiguiser ses sens suppose de ralentir le rythme quotidien. En prenant le temps, on observe autrement, on prend conscience de l'infinie variété des expériences et on apprécie les changements, les variations et les nuances qui nous échappent d'ordinaire.

## Quatre balades en une !

1. Comment amener l'enfant à explorer pleinement un lieu naturel ? Proposez-lui de parcourir plusieurs fois le même circuit, en changeant de point de vue sur le monde à chaque fois. En extérieur, **repérez un chemin calme**, dans un bois, un parc, le long d'un champ. Sélectionnez une portion de sentier courte, qui puisse être parcourue en quelques minutes.

2. Proposez à votre enfant de l'arpenter… **quatre fois** !
   - La première fois, marchez en vous concentrant sur **ce que vous voyez**. À la fin du chemin, demandez à votre enfant de citer cinq choses qu'il a vues.
   - Revenez sur vos pas, et refaites la même marche, en sens inverse. Cette fois, demandez à votre enfant de se concentrer sur **ce qu'il entend**. De même, à la fin du trajet, faites-lui verbaliser ses expériences.
   - Lors du troisième trajet, concentrez-vous sur **les parfums**. Pourrez-vous lister cinq odeurs distinctes ?
   - La quatrième fois, portez attention **aux textures** : arrêtez-vous souvent et encouragez votre enfant à toucher à tout. Comment caractériser ces différentes sensations ?

## Du jour à la nuit

1. L'activité suivante est idéale en mi-saison ou en hiver, lorsque **la nuit tombe assez tôt**. Il est possible d'en faire une habitude, un petit rituel familial hebdomadaire. Choisissez un jour où vous pouvez vous permettre de décaler un peu le dîner – c'est généralement à ce moment-là que le soleil se couche.

2. Le jour choisi, vérifiez l'heure du coucher du soleil et **habillez-vous suffisamment**. Munissez-vous d'une couverture et d'un thermos de chocolat chaud si vous le souhaitez.

3. **Sortez vingt ou trente minutes avant le coucher du soleil**. Installez-vous sur un balcon, dans un parc ou un jardin. Conversez paisiblement et écoutez les bruits autour de vous : animaux, personnes, véhicules… Sentez la température de l'air sur votre peau ; respirez profondément et notez les odeurs de l'extérieur.

4 Il se passe alors quelque chose de magique : **le jour cède la place à la nuit**. C'est à la fois très progressif et très soudain. L'expérience sensorielle est complète et intense, malgré sa simplicité ! Observez le ciel quelques minutes.

Dès 5 ans

5 Puis **rentrez dîner au chaud** !

# Attrape-soleil

À partir de matériaux de récupération, votre enfant va créer très simplement un objet fascinant qui capte la lumière et la chaleur du soleil et les transforme en reflets et en couleurs. Une seule règle à l'activité du jour : ce n'est pas la beauté de l'objet fini qui compte, mais bien le processus de fabrication !

## matériel

**Feuilles de plastique translucides (pour couvrir les livres, par exemple), colorées ou non. Chutes de papier cadeau brillant, papier de soie, plumes, végétaux séchés… Tubes de carton (type rouleaux de papier essuie-tout). Ruban adhésif transparent, ficelle.**

1. ***« Où est le soleil ? »*** Ce type de question ouverte donne toujours lieu à des réponses intéressantes de la part des enfants : *« Il est dehors »* ; *« Il se cache derrière les arbres et les buissons »* ; *« Il est tout autour de nous, partout »*… Proposez à votre enfant de sortir pour « trouver » le soleil.

### Conseil

*Dès son plus jeune âge, enseignez à votre enfant de ne jamais regarder le soleil directement. Expliquez-lui que ses rayons sont tellement forts qu'ils lui brûleraient les yeux.*

***« Comment pourrions-nous attraper le soleil ? »*** Laissez votre enfant proposer des solutions, mêmes farfelues : avec un bâton, un filet, une très longue corde, un panier ? Certains enfants élaborent des plans pratiques (*« Il faudrait des gants pour pouvoir toucher le soleil »*), d'autres sont plus poétiques (*« Je vais attendre que le soleil se couche et je l'attraperai quand il croisera la Lune »*).

2. Proposez à votre enfant de **fabriquer un attrape-soleil**, qui permettra, non d'emprisonner le soleil lui-même, mais sa lumière. Disposez divers matériaux de récupération sur une table en intérieur et aidez-le à sélectionner ceux qui, selon lui, seront les plus aptes à « attraper » la lumière (matériaux translucides et brillants).

Dès 3 ans

**3** Aidez votre enfant à fabriquer l'attrape-soleil. L'important n'est pas de réaliser un bel objet, mais de vivre un **processus de fabrication** : quelle forme souhaite-t-il lui donner ? En habillant des rouleaux de carton de papiers divers, en les fixant les uns aux autres comme il le souhaite, votre enfant obtiendra un objet léger, qui « dansera » dans le vent et brillera à la lumière. Assurez-vous simplement que l'objet soit solide, en l'aidant à fixer les divers éléments.

**4** Profitez de cette construction pour écouter votre enfant **verbaliser ses idées et ses actions** : *« Que fais-tu en ce moment ? Que vas-tu faire ensuite ? ».*

**5** Une fois l'œuvre achevée, sortez pour l'essayer. Laissez votre enfant **manipuler librement** son attrape-soleil dans la lumière et, ensemble, observez les reflets créés.

**6** Lorsque l'intérêt retombe, demandez à votre enfant de trouver **l'endroit idéal où le fixer** (dans un arbre, sur un balcon...). Observez votre attrape-soleil sur plusieurs jours : *« Attrape-t-il bien le soleil ou doit-on le déplacer ? Dans ce cas, où penses-tu qu'il faut le mettre ? ».*

## Prolongements

*> Sur le même principe, proposez à votre enfant de fabriquer un moulin à vent, un carillon ou un cerf-volant. Autant de réalisations qui invitent à faire corps avec les éléments !*

*> Encouragez votre enfant à réfléchir et à s'exprimer sur de « grandes » questions naturalistes :* « Peux-tu capturer ton ombre ? Comment attraper le vent ? Comment les oiseaux volent-ils ? Peut-on souffler une bulle carrée ? ».

# Bouquets sauvages

Des bouquets harmonieux disposés dans de jolis vases décorés avec goût et placés dans votre maison développent chez l'enfant le désir d'un environnement harmonieux. Inculquez-lui quelques principes d'arrangement floral afin de valoriser les végétaux rapportés de promenade.

## matériel

**Petits ciseaux. Facultatif : petit marteau, morceau de charbon, sable. Vases de taille variées, petits pots de récupération. Végétaux cueillis en promenade. Roue des couleurs à imprimer (voir p. 17).**

❶ **En promenade,** montrez à votre enfant comment cueillir des fleurs : on coupe la tige aux ciseaux, au ras du sol de manière à obtenir une longue tige. Il est fréquent d'obtenir ainsi, sur une même tige, différents stades du développement de la pante – boutons, fleurs, graines – ainsi que des feuilles.

❷ De retour à la maison, étalez la récolte de votre enfant sur la table, ainsi que quelques contenants de tailles et de formes variées. Aidez votre enfant à choisir **le vase idéal**, en observant et verbalisant les caractéristiques de ses fleurs. Si elles ont de longues tiges, le vase devra être profond ; les petits pots se prêtent aux fleurs courtes. De même, le diamètre s'adaptera à l'abondance de votre récolte.

❸ Présentez le cercle chromatique (roue des couleurs à imprimer p. 17) à votre enfant et aidez-le à placer les fleurs dessus selon leurs couleurs.

### Conseil

*Un simple pot de confiture décoré par votre enfant deviendra un vase cher à votre cœur ! Proposez-lui de décorer divers contenants en les peignant avec des feutres spéciaux ou en y collant des mosaïques... Pensez aussi aux cannettes de métal recyclées ou aux coupelles, très pratiques pour valoriser les fleurs sans tige des tout-petits !*

Dès 2 ans

❹ Expliquez à votre enfant qu'il existe **quatre manières de trier les végétaux** afin de les combiner harmonieusement. Pour composer le bouquet, il est possible de procéder à une combinaison selon :

- **des couleurs analogues :** on choisit trois couleurs qui se suivent sur la roue des couleurs, en ne conservant par exemple que les plantes vertes, jaunes et orangées ;
- **des couleurs complémentaires :** on retient les végétaux placés sur des couleurs opposées dans la roue. Par exemple, rouge et vert, ou violet et jaune ;
- **des nuances complémentaires :** on conserve trois couleurs successives, ainsi que la couleur complémentaire de celle du milieu. Par exemple, trois nuances de bleu et orange pâle ;
- **les goûts de l'enfant :** le jeune artiste peut également sélectionner les couleurs selon son intuition !

*Astuce*

*Placez un miroir derrière votre bouquet. Ainsi « dédoublé », il sera deux fois plus beau !*

❺ Montrez à votre enfant comment couper les tiges en biais avec ses ciseaux afin de favoriser l'absorption de l'eau. On peut aussi écraser l'extrémité des tiges avec un petit marteau ou une pierre. Demandez à votre enfant d'ôter les feuilles basses qui pourraient se trouver sous le niveau de l'eau. Si vous en avez, placez un petit morceau de charbon dans le vase : cela évite à l'eau de croupir. Vous pouvez caler les tiges avec du sable ou des cailloux si nécessaire.

*Prolongement*

*Il est possible de réaliser des bouquets sauvages en toutes saisons : branches d'arbustes couverts de baies en novembre, bruyères en décembre, primevères en janvier, chardons en février, arum en mars, mais aussi, tout au long de la saison froide : gui, pissenlits, houx...*

# Jolies graminées

Les graminées sont des merveilles de la nature : base de l'alimentation animale, elles sont parfaitement adaptées aux défis climatiques. Explorez leurs caractéristiques avec votre enfant pour découvrir ce qui les distingue des autres plantes !

## matériel

**Graminées fraîchement arrachées, avec épis de graines et racines intactes et propres (plusieurs pieds de chaque espèce). Bâton en forme de Y. Ciseaux, ficelle. Bol, liquide vaisselle, eau. Plateau.**

1. Disposez votre récolte de graminées sur une table et observez-la avec votre enfant. Aidez-le à verbaliser **les caractéristiques de ces plantes** : leur forme globale élancée, les feuilles longues et étroites, le réseau de racines, les éventuels rhizomes, la grappe de fleurs ou de graines au sommet de la tige. Les feuilles sont « alternes », c'est-à-dire disposées alternativement à gauche et à droite de la tige.

2. Demandez à votre enfant de **faire des paires**, en retrouvant les plants de même espèce parmi votre récolte. Si ces plantes ont été cueillies dans votre jardin, sortez avec vos spécimens pour retrouver leurs « jumeaux » sur le terrain.

3. Votre enfant coupe quelques tiges à l'aide de ciseaux. Invitez-le à souffler dedans : **les tiges sont creuses !** Versez du liquide vaisselle dans un petit bol d'eau et proposez à votre enfant de souffler dedans avec sa paille végétale pour faire des bulles. Il remarquera sans doute que la tige a des joints solides, des nœuds, qui « bouchent » la tige à certains endroits. Pour faire une paille efficace, il faut donc couper juste au dessus d'un nœud et juste en dessous du suivant.

4. Invitez votre enfant à **récolter les graines** des plantes : au-dessus d'un plateau, secouer, frotter les graines tombent. Y en a-t-il peu ou beaucoup ? Quel est le bénéfice pour la plante, de produire autant de graines ? Quel est le bénéfice pour les animaux ? Conservez-les dans une enveloppe pour les semer plus tard. Les graminées se plaisent dans la plupart des milieux ; libérez-les simplement, elles trouveront seules un endroit où pousser.

Dès 6 ans

❺ **Fabriquez un métier à tisser très simple** en utilisant une branche en forme de Y tendue de ficelle (cf. illustration ci-dessous). Réalisez un tissage en glissant les tiges de graminées « dessus/dessous ». Votre enfant peut y ajouter d'autres éléments végétaux s'il le souhaite (feuilles mortes, fleurs séchées, grappes de baies...).

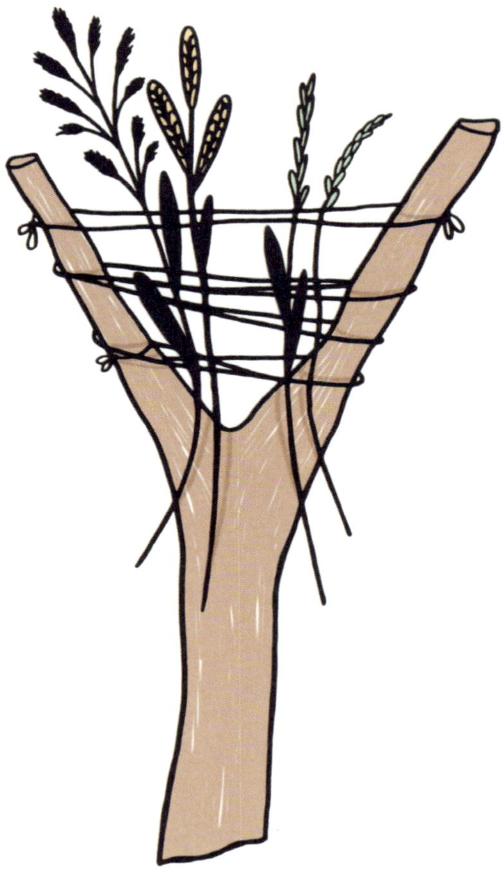

# Camouflage

Pourquoi les animaux ont-ils adopté certaines couleurs au cours de leur évolution ? Le jeu suivant permet de répondre concrètement à cette question, tout en développant la capacité d'observation.

## matériel

**Entre 15 et 25 petits objets manufacturés : vaisselle de camping, petits jouets, miroirs, chaînes, élastiques, pinces à linge, rubans… Panier.**

1 **Repérez un sentier naturel dégagé** dans lequel vous pourrez installer le jeu de la chasse aux objets sans être dérangés. Un sentier de forêt est idéal, à condition qu'il ne soit pas trop étroit. Veillez à ce que le sol soit bien visible, et si possible bordé de végétaux variés : arbres de toute taille, litière de feuilles mortes, plantes, tas de bois…

2 Choisissez une section de 20 à 30 mètres et **placez-y de petits objets**. Faites-en sorte que certains soient très visibles : des objets de couleurs vives, que vous disposerez en évidence. D'autres seront placés de manière à se fondre dans l'environnement et seront beaucoup plus difficiles à repérer.

3 Marchez avec votre enfant sur le tronçon de sentier que vous avez préparé. Expliquez-lui que vous y avez caché un certain nombre d'objets, mais sans lui en divulguer le nombre exact. **Le but du jeu consiste à en repérer le plus possible,** mais attention : les objets doivent rester en place, on compte ceux que l'on découvre, mais on ne les ramasse pas !

4 Arrivé au terme du parcours, votre enfant vous révèle **combien d'objets il a repérés**. Donnez-lui alors le nombre total d'objets cachés. Pour les plus grands, exprimez le résultat en pourcentage : « *Tu as trouvé les trois quarts des objets !* ».

### Conseil

*Veillez à ce que les objets soient visibles du sentier, que votre enfant ne devrait pas avoir à quitter. N'hésitez pas à cacher les objets à différentes hauteurs ou à des emplacements que votre enfant ne découvrira que s'il se retourne. Cela enseigne aux enfants à ne pas regarder uniquement devant eux en pleine nature ! Certains objets, quoique très en vue, peuvent être difficiles à trouver : accrochez un miroir en bordure de chemin, en l'inclinant pour qu'il reflète le sol et les herbes. Bien que tout proche, il est très difficile à percevoir !*

Dès 5 ans

5 Encouragez votre enfant à **recommencer a promenade** pour essayer de repérer es objets qu'il a manqués.

6 Effectuez le parcours une dernière fois, en demandant à votre enfant de **ramasser les objets**. Collectez-les dans un panier et comptez-les. Aidez votre enfant à dénicher ceux qu'il n'a pas encore vus.

### *Conseil*

***Avec les plus jeunes, placez une petite balise (ruban de couleur) à proximité d'un objet difficile à trouver afin de leur faciliter la tâche.***

7 Terminez cette activité par une discussion sur la manière dont **leurs couleurs aident les animaux à se cacher**. Partez ensuite à la recherche d'insectes camouflés !

# Sculptures de boue

La boue est un matériau de modelage parfait, à condition qu'elle ait la bonne consistance, ni trop collante, ni trop dure. N'hésitez pas à fabriquer vous-même votre boue idéale en mélangeant terre et eau. Les pistes suivantes vous aideront vous et votre enfant, à mettre la main à la pâte…

- **Exploration libre**. Si votre enfant n'a jamais eu l'occasion de manipuler de la boue, proposez-lui d'abord de la manipuler, sans autre objectif que celui de la découverte sensorielle.

- **Boules**. Montrez à votre enfant comment façonner des boules de boue entre ses mains. Puis habillez-les de mousse, de feuilles, de débris d'écorce…, et empilez-les pour créer des personnages.

- **Gâteaux**. Confectionnez avec votre enfant des tartes et des gâteaux de boue ; mobilisez quelques éléments de dînette ou de vaisselle si nécessaire. Superposez les couches de terre de différentes couleurs dans un récipient transparent, décorez votre œuvre de « bougies » de plumes, de noix, de graines, de cailloux…

> ### Variante
> *En ville, la terre mélangée d'eau peut être proposée dans un grand bac posé au sol, sur une bâche.*

- **Moulages**. Réalisez des moulages à l'aide de petits moules pour bacs à sable. Si votre terre est argileuse, ils pourront même se conserver après séchage. Le château de sable traditionnel peut aussi être réalisé avec de la boue !

- **Dessins**. Avec un bâton, tracez des lignes dans la boue fraîche. Vous pouvez aussi « peindre » sur une pierre ou une écorce en trempant l'extrémité d'une plume ou d'une brindille dans la boue, voire réaliser des empreintes de mains ou de pieds (sur pierre, sur papier, sur corps…).

- **Craquelures**. Recouvrez de boue argileuse une grosse pierre ronde. En séchant, la boue va former des craquelures aux dessins intéressants…

- **Construction**. Des briques de terre miniatures peuvent être fabriquées en les moulant dans un bac à glaçons (le résultat sera plus probant si vous utilisez une terre argileuse). De la boue assez épaisse peut également servir de mortier pour souder des cubes lavables ou des petits pavés.

# Carte sonore

S'asseoir paisiblement en famille pour écouter les sons de la nature relaxe et approfondit la connaissance de la vie autour de soi. Voici une excellente activité pour développer l'attention et accroître la conscience de l'environnement.

## matériel

**Papier, crayon. Support pour écrire : porte-bloc à pince ou livre léger et rigide grand format.**

1. À l'extérieur, demandez à votre enfant de **choisir un emplacement** pour s'asseoir au calme. Donnez-lui une feuille de papier et marquez-la d'une croix au centre. Expliquez-lui que vous allez dessinez ensemble « une carte des sons » ; le X représente l'endroit où vous êtes assis.

2. Faites silence et écoutez. À chaque fois que votre enfant entend un son, **il trace une marque sur le papier pour le représenter**. *« Où est situé ce son par rapport à nous ? À gauche, à droite ? Est-il proche, lointain ? »* Aidez votre enfant à placer le symbole si l'exercice est difficile au début.

3. Selon l'âge de votre enfant, **le symbole du son entendu peut être affiné** : si le son est fort, l'enfant trace une grande marque, s'il est ténu, un dessin minuscule.

### Conseil

*Le dessin doit rester très simple car réaliser des dessins trop complexes détourne de l'écoute : ce peut être une forme géométrique, une croix, une ligne... Amusez-vous à chercher des symboles simples se rapportant aux sons perçus : des lignes ondulées pour une rafale de vent, une note de musique pour un chant d'oiseau...*

4. Encouragez l'enfant à fermer les yeux tout en écoutant. Pour affiner les perceptions auditives, proposez-lui de « **mettre ses oreilles de renard** » : placer les mains ouvertes derrière les oreilles, pour créer une plus grande surface de capture sonore. Le geste peut être fait vers l'arrière également, pour mieux percevoir les sons qui sont derrière nous : les mains ouvertes, légèrement creusées, sont alors placées devant les oreilles, paumes vers l'arrière.

❺ Prenez ensuite le temps de **« relire » la carte sonore** que vous avez élaborée et de dialoguer à son sujet : « *As-tu reconnu tous les sons que tu as entendus ? Quels étaient les sons que tu connaissais bien ? Y a-t-il eu un son que tu n'avais jamais entendu auparavant ? D'où provenait ce son, à ton avis ? Quel est le son que tu as préféré entendre ? Pourquoi ?* ». On peut aussi classer les bruits entendus selon leur origine : humaine (véhicules, voix...), animale (oiseaux...), autres (vent...).

*Conseil*

*Proposez le jeu plusieurs fois, car les premiers essais risquent d'être perturbés par les échanges que vous aurez autour des symboles à choisir et de la position à leur attribuer. Ne vous découragez pas : une fois les règles fixées, l'écoute est généralement profonde !*
*Selon les capacités de votre enfant, essayez de faire durer le jeu : commencez par une écoute de 4 minutes et étendez-la progressivement jusqu'à 10 minutes.*

# Sans les yeux

Proposez à votre famille de déguster un repas les yeux bandés ; elle sera surprise de la saveur que prennent les aliments sous la langue ! Un nouveau monde s'ouvre à vous lorsque vous fermez les yeux... L'activité suivante permettra à votre enfant de s'initier à ce nouvel univers sensoriel.

## matériel

**Bandeau pour les yeux, petit instrument à percussion (maracas, claves...).**

1. Expliquez à votre enfant que vous allez jouer dehors, à un jeu spécial qui demandera beaucoup d'écoute et de calme. **Bandez-lui les yeux**, en lui assurant que vous ne le quitterez pas des yeux pendant la séance, que vous veillerez à sa sécurité.

2. Il doit rester debout, immobile, et commencer à bouger lorsqu'il entendra le son que vous émettrez avec votre petit instrument. Précisez qu'il ne s'agit pas d'une course de vitesse, et que **c'est en prenant le temps d'analyser** les informations reçues qu'il aura l'opportunité de se rapprocher de l'instrument, puis de le toucher. Frappez un coup toutes les cinq ou dix secondes, de manière irrégulière, mais assez souvent pour mettre l'enfant en mouvement. Adaptez l'ampleur de vos déplacements à son âge.

3. Lorsque votre enfant parvient à **toucher l'instrument**, la manche est finie. Intervertissez alors les rôles, votre enfant jouant le rôle du meneur pendant que vous le cherchez en aveugle. Si vous jouez à plusieurs, demandez à ceux qui ont réussi à toucher la source du bruit d'ôter leur bandeau en silence et de s'asseoir par terre pour observer la suite du jeu.

4. Prenez le temps d'**échanger** ensuite sur vos sensations.

### Variante

*Servez de guide à votre enfant lors d'une courte promenade en aveugle : proposez-lui de toucher des textures variées dont il devra deviner la provenance (mousse, roche...). Le jeu de devinette peut s'étendre à l'odorat : saura-t-il reconnaître les herbes aromatiques du jardin, le parfum de l'épicéa ou celui des fleurs du parc ?*
*Pour d'autres jeux en aveugle, voir p. 66, « Mon arbre, du bout des doigts ».*

Dès 6 ans

*La sécurité d'abord !*

Cette activité peut aussi être pratiquée à plusieurs, à condition qu'il y ait suffisamment de personnes « voyantes » pour assurer la sécurité des joueurs.

# D'autres jeux de collaboration

Cette activité se joue à plusieurs, de trois à huit participants. Elle renforce l'espri d'équipe et l'écoute de l'autre. Proposez-la à votre famille ou vos amis après avoi longuement observé la manière dont les chenilles se déplacent dans la nature.

## matériel

**Foulards, petits gobelets, eau.**

1 Les joueurs reçoivent un foulard, pour bander leurs yeux, et un gobelet rempli d'eau. Ils se placent en fil indienne, une main posée sur l'épaule du coéquipier qui précède, l'autre main maintenant le gobelet. Seule la première personne de la file – la « tête » de la chenille – n'a ni bandeau ni gobelet. Son rôle est de **guider** son « corps », à la voix, à l'aide d'indications spatiales. Les joueurs essaient de se mouvoir harmonieusement, sans perdre l'eau du gobelet.

2 Bien sûr, le « chef » s'amuse à leur faire traverser **quelques épreuves** : milieux variés, obstacles...

3 Au bout de quelques minutes, **changez les rôles** : le leader se bande les yeux et prend la queue de la file. Le joueur qui le remplace lui donne son gobelet. Dans une manche, tous les participants doivent accéder, sur un temps court, à la position de meneur.

4 À la fin du jeu, ôtez les bandeaux, et **prenez le temps de discuter** ensemble de l'expérience vécue : « *Était-il possible de se déplacer comme un seul corps ? Comment imaginer appartenir à un même corps et constituer ses différentes parties ? Les joueurs ont-ils sollicité leur logique, leur instinct, leurs sens ? Ont-ils aimé être meneur ? Quelle sensation éprouve-t-on, les yeux bandés ? De la frustration, de la concentration, de l'appréhension ?* » Terminez en comparant les niveaux d'eau restant dans les gobelets... La prochaine fois vous ferez mieux !

*Prolongements*

*> Premier jeu : assis en cercle, les enfants se passent deux ballons de main en main – un petit, qui représente la souris, et un gros, qui représente le chat. Lorsque le chat rattrape la souris, les deux ballons repartent en sens inverse.*

*> Deuxième jeu : deux équipes font la course, laquelle parviendra à traverser le terrain sans mettre un pied au sol ? Tous les joueurs sont juchés sur un pavé. Un pavé supplémentaire est placé au sol, derrière le dernier de la file. Les participants se le transmettent pour avancer. Si un joueur « tombe à l'eau », toute son équipe retourne au point de départ.*

# Mon arbre, du bout des doigts

Le jeu suivant est une activité sensorielle très apaisante. Respectez le rythme de votre enfant, qui peut éprouver le besoin de toucher longuement les écorces, et de les explorer dans leurs moindres détails.

## matériel

**Foulards.**

❶ Le jeu se joue dehors, en **binôme(s)**. Expliquez à votre enfant que vous allez lui bander les yeux, mais que vous assurerez sa sécurité à tout moment. Faites-le tourner quelques instants sur lui-même, puis guidez-le avec des gestes doux vers un arbre. N'hésitez pas à faire quelques détours pour le désorienter – adaptez la difficulté à l'âge de l'enfant. Présentez-lui l'arbre choisi comme étant **« son » arbre**. *« Fais la connaissance de ton arbre sans les yeux, de façon à pouvoir le retrouver entre tous par la suite. »*

❷ Encouragez votre enfant à prendre son temps et à **utiliser tous ses sens** : il peut faire le tour de l'arbre, le toucher au ras du sol, le toucher le plus haut possible ; il peut étudier précisément le dessin de son écorce ; il peut s'attacher à mémoriser son parfum ou essayer de deviner sa hauteur en écoutant le bruit du vent dans les feuilles...

❸ Ramenez votre enfant au **point de départ**, faites-lui faire à nouveau quelques tours sur lui-même, puis ôtez son bandeau et demandez-lui de retrouver « son » arbre.

❹ Les rôles sont ensuite **échangés**, votre enfant devenant votre guide.

### Variante

*Accrochez une longue corde dans le jardin : les yeux bandés, l'enfant devra l'agripper pour la suivre et faire une promenade d'un nouveau genre. Variez de temps en temps la hauteur de la corde et faites-lui traverser des milieux variés (boue, herbe, mousse...).*
*Pour d'autres jeux en aveugle, voir p. 62, « Sans les yeux ».*

Dès 6 ans

# À l'assaut de mon arbre

Un bon arbre est un terrain d'escalade, un support aux jeux d'aventure. C'est aussi un véritable espace qui incite au repos et à la rêverie, qui reconnecte au monde naturel. Un lieu qui permet des expériences sensorielles hors du commun : observer le paysage de haut, sentir dans son corps la vibration du vent, écouter le froissement du feuillage…

## matériel

**Des vêtements adaptés pour toute la famille : vieux pantalons, tennis, gants éventuellement.**

1. **Trouver le bon arbre est une véritable quête.** Idéalement, ne vous éloignez pas trop de votre domicile pour qu'il devienne facilement l'objectif de vos promenades familiales. Choisissez un sujet mature, ni trop jeune, ni trop vieux, aux branches basses et épaisses (environ 20 cm de diamètre).

2. **Le sol à son pied ne doit pas être recouvert de branches mortes,** le tronc ne doit pas être troué. Évitez-le s'il est environné de lignes à haute tension, ou s'il est manifestement habité (nids, écureuils…).

3. **Pensez également aux arbres creux et aux troncs tombés à terre.** Ils constituent de merveilleux terrains de jeux d'imagination ou de motricité pour se balancer, se cacher, fabriquer une cabane…

4. Aidez votre enfant, pour qu'il puisse escalader, à repérer les irrégularités de l'arbre pouvant servir d'appui : nœuds, petites branches… **On grimpe en montant alternativement pied et main du même côté** d'abord le pied gauche et la main gauche, la main droite et le pied droit cherchant une prise, puis le poids du corps bascule sur ces nouveaux appuis, tandis que le pied gauche et la main gauche se positionnent à leur tour. Inspirez-vous de la technique du koala ou du singe, ce sont des experts !

### La sécurité d'abord !

*Limitez le nombre d'enfants à escalader un même arbre. Ne les laissez pas s'appuyer sur les branches mortes. Apprenez-leur à tester la solidité de leurs appuis, à rester toujours près du tronc lors de l'ascension et à ne jamais quitter les zones où ils se sentent en sécurité.*

## *Prolongement*

L'arbre est un sujet d'étude scientifique intarissable : demandez à votre enfant de trouver les différences et les points communs entre les arbres familiers, d'observer leur changement au fil des saisons...

Dès 6 ans

# Mon refuge dans le monde

**Quiconque, qu'il soit enfant ou adulte, tire bénéfice d'être « connecté » à son environnement naturel. Encouragez votre enfant à développer une relation spéciale avec un endroit choisi par lui, dans lequel il se sente enraciné.**

1 Commencez par réfléchir aux endroits où **vous vous sentez bien**, et essayez d'y passer plus de temps. Faites-les ensuite découvrir à votre enfant. Ensemble, fermez vos yeux pour écouter, toucher ; essayez de connaître cet endroit par tous vos sens. Expliquez-lui qu'ici, vous vous accordez le droit d'être simplement vous-même, sans endosser vos rôles de la vie quotidienne.

2 Invitez votre enfant à trouver son propre **« endroit spécial »**. Si cela lui semble difficile, vous pouvez décider de bâtir ensemble « un endroit partagé » – un bout de balcon suffit. Faites un abri en tendant une bâche pour faire le toit. Placez quelques bûches en guise de sièges. Installez-vous là pour raconter des histoires à votre enfant. Cela aura encore plus de portée si vous contez « sans filet », en racontant sans suivre le texte d'un album – appuyez-vous sur les contes traditionnels, ou les histoires que vous aimiez lorsque vous étiez petit. Prenez l'habitude d'utiliser cet espace en toutes saisons et par tous les temps.

3 Avec les plus grands, ce lieu partagé peut devenir celui où l'on se retrouve pour avoir des **conversations importantes** – à propos des virages familiaux, des conflits, des projets...

Dès 5 ans

*Conseil*

*Aucune contingence financière ou géographique ne doit vous empêcher, vous et votre enfant, de trouver « votre » endroit. Cette quête et son aboutissement restent possibles, que vous viviez en plein centre-ville ou dans une caravane. L'important n'est pas la beauté ou l'exotisme du lieu, mais le rapport que votre enfant aura à ce lieu, et à travers lui, à la Terre et à lui-même.*

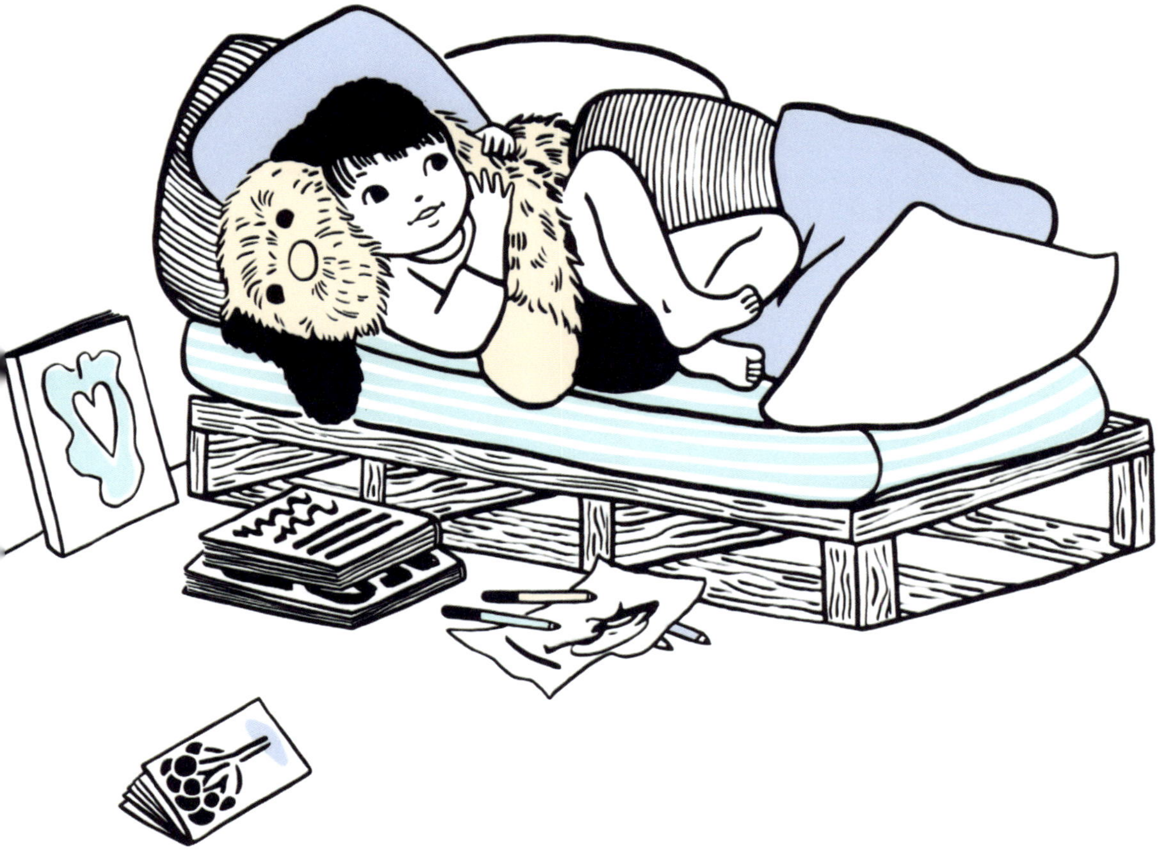

# Tous les sens

**Affiner nos sens, c'est approfondir notre connaissance du monde. Et cela se travaille… grâce aux petits jeux suivants, par exemple !**

## Voir

Certains enfants sont submergés par la multitude des sensations reçues lorsqu'ils sont à l'extérieur et ne parviennent pas à focaliser leur attention. Voici une technique très simple, couramment utilisée par les artistes, pour leur permettre de se recentrer. Il s'agit de regarder le monde à travers un « cadre », fait avec les mains. Il existe deux positions possibles. Montrez-les à votre enfant et laissez-le choisir celle qu'il préfère.

❶ **Le cadre en L :** formez un L avec chaque main en dressant vos index et vos pouces. Tournez l'une de vos mains de manière à obtenir une sorte de carré – les deux index et les deux pouces se touchent presque. Observez à travers ce « cadre » et amusez-vous à en modifier la taille en écartant plus ou moins vos mains. Rapprochez-les de votre visage, éloignez-les… Lancez-vous des défis mutuellement, en désignant des objets autour de vous : cadrez-les de près, de loin…

❷ **Le cadre en O :** joignez le pouce et l'index en cercle. Si vous le souhaitez, joignez tous les autres doigts derrière l'index et même alignez vos deux mains de manière à obtenir une sorte de longue vue. Les enfants aiment utiliser une main sur chaque œil, créant ainsi des lunettes ! Exercez-vous à cadrer des objets proches et des objets lointains.

## Toucher

### matériel

**Papier blanc, crayons de cire.**

L'enfant choisit une écorce dont il aime le relief et plaque une feuille de papier contre l'arbre d'une main. De l'autre, il frotte la feuille avec un crayon de cire. Aidez-le à tenir le papier si cette opération est difficile.

### Prolongement

*Décalquez ainsi la texture de pierres, de feuilles, voire des murs ou des trottoirs. les travaux réalisés pourront illustrer votre journal nature (voir p. 80).*

## Sentir

Attirez l'attention de votre enfant sur la sensation de l'air qui entre et sort dans son nez lorsqu'il respire. Peut-il détecter l'humidité de l'air ? Il y a une différence quand on respire face au vent ou quand on lui tourne le dos ? Quand on respire de jour ou quand on respire de nuit ? Par temps chaud ou froid ? À l'intérieur et à l'extérieur ?

Dès 6 ans

# Écouter

## matériel

**Cailloux et bâtons de différentes tailles.**

1 Frappez les objets rapportés de promenade les uns contre les autres pour expérimenter le son produit.

2 L'enfant sélectionne les objets qui produisent les sons les plus intéressants. Asseyez-vous en cercle en famille avec ses objets choisis. L'un choisit un rythme simple et chacun se joint à lui en imitant le rythme. Le leader peut changer de rythme quand il le souhaite. Au bout d'une minute ou deux, un autre maître du jeu est désigné.

De l'interaction avec les éléments naturels à l'atelier et au laboratoire, il n'y a qu'un pas ! Cette section se consacre aux expérimentations scientifiques exploitant les éléments naturels collectés en promenade. Dans ce chapitre, toutes les idées sont les bienvenues ! Ici, on remet en question, on émet des hypothèses, on développe sa curiosité ! Bricolez en famille, essayez, échouez, essayez à nouveau : chacun gagne ainsi en résilience et en confiance et vit de surcroît un beau moment de partage familial.

# Ateliers scientifiques et petits bricolages

# Le mot juste

Un jour de sortie scolaire au zoo, notre groupe côtoie, devant une cage, un homme qui désigne un animal à son fils et s'exclame : « Regarde le gros poulet ! ». Un de nos élèves de 3 ans le regarde alors gravement et corrige : « Ce n'est pas un poulet. C'est un gypaète barbu. »
User du nom précis d'un animal, d'une plante ou d'un nuage, c'est l'observer avec finesse et le respecter dans ce qu'il a d'unique. Les enfants en sont capables dès leur plus jeune âge !

## matériel

**Photos d'éléments naturels, extraites de magazine, de guides Nature ou de recherches Internet. Papier à dessin, colle.**

1. **Identifiez un centre d'intérêt chez votre enfant :** aime-t-il les cailloux, les feuilles, les escargots ? Sélectionnez une dizaine de représentants de l'espèce parmi les plus courants dans votre région. Par exemple, une sélection sur les coquillages pourrait comporter l'ormeau, la fissurelle et la patelle vulgaire si vous habitez sur la côte Atlantique.

2. **Procurez-vous des images** des objets choisis. Imprimez-les ou photocopiez-les et collez-les sur de petites cartes de papier fort, d'une dizaine de centimètres de côté. Légendez chaque illustration du nom précis de l'objet choisi.

3. Chaque carte représente ainsi **un objet et un seul**, contrairement à la plupart des guides. Cette disposition facilite la mémorisation et l'identification par l'enfant, et de plus, vous disposez d'un jeu à usage multiple !

### Conseil

*Ne cherchez pas à être exhaustif : il vous sera impossible de fabriquer un jeu de cartes qui présente toutes les fleurs de votre région ! Une dizaine de cartes suffisent, qui constitueront une « culture première » et serviront de tremplin à d'autres recherches.*

4 **Quelques idées pour jouer avec vos cartes :**

> Lire les légendes, s'interroger mutuellement pour mémoriser le nom des espèces.
> Jouer aux devinettes : « *Je suis un fruit moelleux. On me consomme sec ou frais. Je suis le fruit du figuier. Je suis … ?* ».
> Jouer au Kim : on dispose quelques cartes devant l'enfant, puis il ferme les yeux, on en ôte une, on mélange celles qui restent… « *Quelle carte ai-je dans la main ?* »

### Conseil

*Vous n'avez pas besoin de tout connaître ! Lorsque votre enfant vous demande le nom d'un animal ou d'une plante que vous ignorez, recherchez ensemble et usez des mots nouveaux dans les conversations de tous les jours. Plutôt que « araignée », dites « tégénaire domestique » ou « pholque phalangide », votre enfant fera de même !*

5 Si votre enfant sait lire, **coupez vos cartes en deux** lorsqu'il connaît le nom des espèces, de manière à séparer le nom de l'objet de son image.

**Cette nouvelle présentation se prête à de nouveaux jeux :**

> Faire correspondre les légendes et les images.
> Ranger les légendes dans l'ordre alphabétique.
> Organiser une chasse : cachez quelques cartes sans légende à travers la maison. L'enfant pioche une légende et doit retrouver l'image correspondante.

6 Sur le même principe, vous pouvez fabriquer vos cartes **en double** pour créer un jeu de mémory. Pensez aussi aux petits lotos !

### Variante : un Twister Nature !

*Certains enfants ont besoin de « mettre en corps » leurs connaissances pour les mémoriser.*

*Fabriquez un jeu de Twister à l'aide d'une nappe plastifiée et d'un feutre marqueur. Séparez la nappe en 16 sections égales (quatre lignes et quatre colonnes). Sélectionnez quatre images (empreintes d'animaux, feuilles de différents types, oiseaux…) et dessinez-les en les répartissant sur l'aire de jeu. Fabriquez une roulette dans un cercle de carton, que vous diviserez en 8 sections. Chaque section reprend l'une des quatre images du jeu ; ajoutez une image de pied ou de main (chaque image est présente deux fois, l'une avec un pied, l'autre avec une main).*

*Jouez avec les règles habituelles, et n'oubliez pas d'appeler chaque chose par son nom !*

# Un journal nature

Tenir un journal de la nature est une activité familiale stimulante qui permet, en toute simplicité, d'écrire, de dessiner, de faire des sciences et de mener des recherches. Prenez l'habitude d'enrichir votre cahier après chaque sortie, même très succinctement : la curiosité de chacun sera nourrie et vous ne verrez plus votre environnement du même œil !

## matériel

**Cahier ou classeur. Feuille de papier à dessin (type Canson) et porte-bloc à pince. Une trousse avec crayons à papier, gomme et taille-crayon. Au choix : crayons de couleur (éventuellement aquarellables), pastels, palette de peinture aquarelle, palette de gouache de bonne qualité. Appareil photo, jumelles, loupe. Guides Nature.**

1. **Choisissez votre support :** ce peut être un carnet de croquis (papier à dessin), un bloc d'aquarelle (papier très épais) ou un « livre » réalisé par vos soins avec votre enfant. Si vous ne voulez pas salir ou abîmer votre cahier en promenade, emporter une liasse de feuilles accrochées à un porte-bloc rigide à pince, qui servira de sous-main. À votre retour, insérez les feuilles dans un classeur ou collez-les dans un cahier.

2. Un journal de la nature a un objectif simple : **enregistrer vos observations**. Il peut inclure des dessins, des végétaux pressés, des notes recopiées dans un guide, des poèmes, des photographies… Le point de départ peut être une observation étonnante, une question que se pose votre enfant ou une thématique rencontrée dans un livre nature qui vous a plu. Le journal de la nature est un projet très libre qui doit rester très simple !

Dès 6 ans

1 En promenade ou dans votre jardin, choisissez donc un sujet d'observation et commencez **une enquête** avec votre enfant. Regardez de près, touchez et sentez, utilisez tous vos sens.

2 En fonction de la météo et de vos sujets d'étude, vous pouvez **emporter vos cahiers**, dessiner et peindre sur le terrain, d'après nature. Collectez des échantillons que vous ferez sécher à la maison, prenez des photos. Jetez quelques notes rapides, qui seront éventuellement modélisées à la maison : description rapide de la plante ou de l'animal étudiés, lieu et date de l'observation.

## Quelques idées pour votre journal de la nature

*> Empreintes d'écorce : posez une feuille de papier léger contre un arbre et demandez à votre enfant de la frotter avec un pastel.* *Voir « Tous les sens », p. 72.*

*> Empreintes naturelles variées : l'enfant trempe ses trésors naturels (pierres, glands, pommes de pin...) dans de la peinture et les utilise comme des tampons pour décorer ses pages.*

*> Croquis, peinture à l'aquarelle. L'aquarelle est une peinture d'excellente qualité vendue en petites palettes qui ne prennent pas beaucoup de place et peuvent se glisser aisément dans un sac à dos. Pensez aussi aux crayons aquarellables.*

*> Poésies, citations, statistiques.*

*> Listes d'oiseaux, de fleurs, d'empreintes, de nuages observés...*

*> Fleurs pressées, graines : les graines, légères, peuvent être collées sur une page, en regard d'un dessin ou d'une photographie de la plante qui lui correspond.*

*> Un arbre à travers l'année : photographiez ou dessinez le même arbre une fois par saison.*

# Au soleil

Le temps qu'il fait influe sur tous les aspects de notre vie, même si nous n'en avons pas toujours conscience. Grâce à cette petite activité scientifique très simple l'enfant prend conscience des sensations que la météo lui procure.

## matériel

**Une chaude journée d'été. Deux thermomètres muraux. Des feuilles de papier de différentes couleurs, dont noir et blanc, toutes de même taille et de même épaisseur. Un carnet et un crayon.**

1. Avec votre enfant, abordez **la question du temps qu'il fait** : qu'est-ce que la météo ? Quels vêtements porte-t-il aujourd'hui ? Comment s'habillerait-il si le temps était différent ? Pourrait-il aujourd'hui construire un bonhomme de neige ? Pique-niquer au parc ? Discutez ensemble de la manière dont le temps qu'il fait influe sur votre quotidien.

2. Placez les deux thermomètres à l'extérieur, **à l'ombre**. Expliquez à votre enfant que ces instruments mesurent la température de l'air. Attendez un quart d'heure avant de relever la température dans votre carnet. Prenez le temps d'expliquer à votre enfant comment s'effectue la lecture des gradations.

3. Placez à présent les deux thermomètres **au soleil**. Couvrez l'un des thermomètres d'une feuille de papier blanc, et l'autre d'une feuille de papier noir. Laissez-les au soleil pendant une heure et demie.

4. Ôtez les feuilles de papier et faites lire à votre enfant les températures indiquées. **Que constate-t-il ?** Réfléchissez ensemble à la question suivante : un jour de forte chaleur, vaut-il mieux porter un t-shirt blanc ou un t-shirt noir ? Pourquoi ?

5. **Expliquez à votre enfant** que les couleurs foncées ont la capacité d'absorber la lumière du soleil et de la transformer en chaleur. Les couleurs claires, au contraire, réfléchissent la lumière sans chauffer. C'est une des raisons pour laquelle les terres enneigées ou les zones de banquises sont plus fraîches que les autres : leur couverture blanche renvoie la lumière du Soleil, qui ne peut pas chauffer la terre qu'elle recouvre.

6. Recommencez le test avec des feuilles **d'autres couleurs**. Notez vos relevés dans votre petit carnet.

## Prolongements

> Feuilletez des livres documentaires sur d'autres pays. Comment les gens choisissent-ils leurs vêtements et construisent-ils leurs maisons en fonction du climat ?

> Organisez un relevé météorologique en famille : chaque matin, notez la température extérieure sur une fiche prévue à cet effet, que vous aimanterez sur votre réfrigérateur, par exemple. Votre enfant peut aussi dessiner un petit symbole en fonction du temps qu'il fait (soleil, nuage, pluie...). Menée sur une année, cette activité permet de construire le caractère cyclique des saisons.

# Un drôle d'air

L'air est partout, mais reste très difficile à concevoir pour les jeunes enfants, puisqu'il ne se voit pas... Réalisez en famille de petites expériences pour « donner corps » à l'air : il est facile de prouver son existence en observant ses actions !

## L'air se sent

1 Demandez à votre enfant de **collecter**, dans votre maison, **des objets** qui lui font penser à l'air : pompe à vélo, ballon, ventilateur, sèche-cheveux... Faites-les fonctionner et aidez votre enfant à préciser le rôle de l'air pour chaque objet : le piston de la pompe fait rentrer l'air, le ventilateur brasse l'air, etc.

2 L'air est invisible, mais il est possible de **repérer ses manifestations avec nos sens**. Sortez un jour de vent et invitez votre enfant à observer les objets qui bougent sous la brise, à écouter le souffle de l'air qui passe dans les arbres, à le sentir sur son visage... Fermez les yeux et prenez le temps de ressentir et d'écouter le vent.

## L'air prend de la place

### matériel

**Évier, verre, papier essuie-tout.**

1 Demandez à votre enfant de **remplir l'évier de votre cuisine d'eau froide**. Placez un tampon de papier essuie-tout au fond du verre. Calez-le bien, de manière à ce qu'il ne glisse pas lorsque vous retournez le verre.

2 Votre enfant retourne le verre et, en le tenant bien droit, l'enfonce dans l'évier jusqu'à ce que l'eau le recouvre. Il retire alors le verre, toujours bien perpendiculaire au niveau de l'eau. **Le papier au fond du récipient est-il sec ou mouillé ?**

3 Aidez votre enfant à verbaliser **que l'air prend de la place**, même si nous ne pouvons pas le voir. L'air qui se trouve déjà dans le verre empêche l'eau d'y entrer et de mouiller le papier.

Dès 5 ans

## L'air a un poids

### matériel

**Une tige de balsa d'environ un mètre de long.**
**Deux ballons de baudruche, ficelle.**
**Une épingle.**

1 **Gonflez les deux ballons** de manière à ce qu'ils aient la même taille. Fermez-les.

2 Utilisez la ficelle pour **attacher un ballon à chaque extrémité** de la tige de balsa.

3 Attachez une ficelle au milieu du bâton et accrochez le mobile ainsi créé au plafond, de manière à ce qu'il puisse tourner librement et **s'équilibrer**.

4 Demandez à votre enfant **d'éclater l'un des deux ballons avec l'épingle**. Le mobile plonge immédiatement vers le bas, du côté le plus lourd. Quel est ce côté ? Pourquoi est-ce le plus lourd ?

# Mon petit nuage

Voici une expérience un peu délicate mais spectaculaire : fabriquez votre propre petit nuage à l'aide d'une bouteille et d'une pompe à vélo !

## matériel

**Pompe à vélo. Une grosse bouteille ou un bocal – idéalement de 4 litres de contenance. Un capuchon en caoutchouc adapté à votre récipient. Verre mesureur, couteau pointu. Facultatif : lampe torche.**

1 **Observez les nuages avec votre enfant :** décrivez leurs formes et essayez d'y retrouver des dessins familiers. Peut-il imaginer être enveloppé dans un nuage ? Quelle impression cela pourrait-il faire ? Sortez un jour de brouillard pour le sentir sur votre peau. Expliquez à votre enfant que le brouillard est un nuage qui touche le sol !

2 Essayez d'imaginer ensemble **une recette pour fabriquer un nuage**. À quoi pourrait-elle ressembler ? Acceptez toutes les propositions, même les plus farfelues : « *Presser un peu de coton, envelopper dans un manteau de laine blanche et laisser gonfler...* ».

3 En cuisine, réunissez tout le matériel et demandez à votre enfant de **verser 125 ml d'eau** dans la bouteille. Fermez l'ouverture du récipient avec votre main et secouez-le pour humidifier les parois.

4 **Percez le capuchon** de la bouteille d'un trou d'environ 0,5 cm de diamètre.

5 L'enfant ferme la bouteille **en posant simplement** le capuchon sur le goulot. Il peut le placer à l'envers, de manière à pouvoir l'ôter très rapidement le moment venu.

6 Maintenez fermement l'extrémité du tuyau de la pompe contre le capuchon de la bouteille, et demandez à votre enfant de pomper deux ou trois fois (pas plus !). Ôtez rapidement le couvercle. Vous allez entendre un « pop » et vous allez voir **un petit nuage se former** dans la bouteille.

### Conseil

*Braquez le faisceau d'une lampe sur le nuage afin de le rendre plus visible.*

Dès 6 ans

7 **Expliquez le phénomène** à votre enfant en adaptant votre discours à son âge. L'eau chaude absorbe davantage d'humidité que l'air froid. L'air dans la bouteille a été pressé par la pompe. Cette opération a chauffé l'air et une partie de l'eau contenue dans la bouteille s'est transformée en vapeur d'eau. Puis, lorsqu'on ôte le couvercle, l'air se dilate. Il se refroidit donc et ne peut plus contenir autant de vapeur d'eau. La vapeur d'eau se condense alors en gouttelettes et forme un nuage.

### Variante

*Voici une autre technique pour fabriquer un nuage dans une bouteille ! Verser de l'eau chaude (5 cm de hauteur environ) dans une bouteille en plastique préalablement rincée avec du produit à vaisselle, puis séchée. Introduire des allumettes que l'on vient juste d'éteindre dans la bouteille, puis la fermer, l'agiter et la retourner deux ou trois fois pour éliminer la buée des parois. Presser la bouteille fermement plusieurs fois et observer la formation du « nuage » pendant la détente et sa disparition pendant la compression.*

# À boire

La germination fascine les enfants et elle leur apprend également la patience ! La cuisine est le lieu idéal pour mener de petites expériences botaniques, dont voici un exemple.

## matériel

**Grande variété de liquides, en fonction de ce que vous avez dans votre cuisine et selon l'inspiration de votre enfant : eau minérale, lait, vinaigre, sirop, jus de fruits... Sel, sucre. Petits pichets ou petites bouteilles de récupération. Étiquettes, stylo. Graines de gazon ou graines de haricots. Petits pots, terreau ou terre.**

1. Sortez et demandez à votre enfant de **choisir une plante à observer** dans son environnement. Quels que soient la saison et votre milieu de vie, il trouvera un végétal à étudier ! Décrivez-le ensemble, nommez-le si vous connaissez son nom et demandez à votre enfant de tirer légèrement dessus. Constate-t-il une résistance ? Une fois la plante arrachée, voit-il ce qui la maintenait en place ? Notez le nombre, la longueur et l'orientation des racines, ainsi que la terre qui y est accrochée. Touchez cette terre : est-elle sèche ou humide ?

2. Que nous disent ces observations sur la manière dont se nourrit la plante ? Il semblerait que **la plante absorbe l'humidité du sol**. « *Les plantes boivent-elles comme toi ? Les plantes aimeraient-elles le jus de fruits ou le lait ?* »

Dès 5 ans

3 De retour à la maison, annoncez à votre enfant que vous allez **faire des plantations** et préparez les semences : utilisez des graines de gazon qui poussent vite ou des graines de haricots préalablement trempées toute une nuit dans un verre d'eau. Réunissez le matériel avec l'aide de votre enfant : terre ou terreau, petits pots... Aidez-le à semer, en veillant à mettre dans chaque pot la même quantité de terre et de graines.

4 Demandez à votre enfant ce qu'il souhaite **donner à boire** à ses graines. Préparez de petits pichets et suivez ses suggestions : eau, huile, vinaigre, jus de citron, soda... Proposez-lui également de fabriquer de l'eau sucrée et de l'eau salée, pour voir si les plantes aiment cela. Fabriquez des étiquettes correspondant aux boissons, et étiquetez chaque pichet et chaque petit pot de terre. Les graines d'un pot seront arrosées exclusivement avec le liquide du pichet correspondant.

5 Observez. Au bout de 5 à 7 jours, certains pots sont déjà bien garnis. **Classez les petits pots** dans l'ordre de croissance de la plante. Avec quel liquide obtient-on le meilleur résultat ? Y a-t-il des pots où les graines n'ont pas germé ? Pourquoi ?

## *Prolongements*

*> Placez des tiges de céleri-branche dans un vase d'eau teinté d'encre rouge. Que constatez-vous au bout de quelques jours ? Ouvrez la tige pour montrez à votre enfant le chemin qu'à pris l'eau à travers les « veines » de la plante.*

*> En promenade, observez la manière dont les plantes déploient leurs feuilles pour les exposer à la lumière. Les pissenlits et le plantain poussent au ras du sol quand la végétation est courte, mais sont beaucoup plus hauts dans les grandes herbes. Essayez de tourner de 180° une plante d'intérieur : que constate-t-on au bout de quelques jours ?*

*> Posez un morceau de carton sur l'herbe. Après quelques jours, l'herbe est devenue jaune. Que se passe-t-il ensuite ? L'exposition à la lumière permet à la plante de reverdir.*

# À quoi servent les plumes ?

Les plumes glanées en promenade sont des ressources précieuses ! En été, elles sont particulièrement abondantes au sol : les oiseaux vivent leur grande mue, en prévision des migrations d'automne. C'est le moment de commencer une collection !

## matériel

**Plumes variées collectées au cours de vos promenades. Sèche-cheveux. Balance de précision. Sac de congélation. Glaçons. Bougie, allumettes. Alcool ménager, pipette, eau dans un petit pot.**

1 **Désinfectez** vos trouvailles en les plongeant dans un mélange d'eau et d'alcool ménager et laissez sécher bien à plat. Vos plumes peuvent alors être manipulées sans danger par votre famille.

2 Étalez les plumes sur la table et encouragez votre enfant à les toucher et à les observer. Invitez-le à les **trier** selon leurs couleurs, leurs tailles, leurs formes : les longues plumes robustes sont des plumes de queue et d'ailes, et les plumes légères, plus duveteuses, viennent de la tête ou du ventre de l'animal.

3 **Observez** les plumes à la loupe et montrez à votre enfant les barbes qui les constituent : elles sont agrippées les unes aux autres grâce à de petits crochets. Amusez-vous à détacher délicatement ces barbes les unes des autres, puis à les fixer à nouveau en les lissant doucement. C'est ce que font les oiseaux quand ils font leur toilette : en lissant leurs plumes de leur bec, il les restructurent.

4 *« Peux-tu faire tenir cette plume en l'air le plus longtemps possible ? »* Laissez votre enfant **expérimenter son souffle** pour faire voler les plumes de son choix. Certaines volent-elles mieux que d'autres ? Observez leurs mouvements lorsqu'elles redescendent : les plumes de duvet tombent en tourbillonnant, alors que les plumes de couverture chutent à la verticale.

Dès 4 ans

5 **Les plumes volent aisément**, en partie parce qu'elles sont légères. Demandez à votre enfant de choisir d'autres petits objets (cailloux, petits jouets...) et d'essayer de les déplacer en soufflant dessus. Est-ce possible ? Pesez les objets choisis à l'aide d'une balance de précision et comparez leur masse à celle de vos plumes. Néanmoins, le poids n'explique pas tout : les avions volent et ils sont très lourds ! Essayez de faire voler une plume « décoiffée », dont les barbes sont détachées. Que constate-t-on ?

6 Aidez votre enfant à remplir de glaçons un sac de congélation. Encouragez-le à le toucher : c'est froid ! Tapissez à présent ses paumes d'une litière de plumes et posez le sac de glaçons par dessus. Que constate-t-il ? Aidez le à formuler que **les plumes protègent les oiseaux du froid**. Si vous avez un duvet de plumes à la maison, allez le chercher et enveloppez-en votre enfant pour qu'il fasse l'expérience de sa chaleur !

7 Allumez une bougie et demandez à votre enfant de souffler sur la flamme : la bougie s'éteint ! Recommencez en plaçant, cette fois, une plume entre sa bouche et la flamme de la bougie. La plume stoppe le souffle et la flamme ne s'éteint pas. Aidez votre enfant à formuler que les plumes des oiseaux les **protègent du vent qui souffle**.

8 Remplissez d'eau un petit pot et proposez à votre enfant d'en **verser quelques gouttes sur une plume** à l'aide de la pipette. Observez : les plumes de duvet laissent passer l'eau, alors que les gouttes roulent sur la surface de la plume de couverture sans la mouiller. Aidez votre enfant à formuler la conclusion : « *Les plumes imperméables poussent-elles près du corps de l'oiseau (comme un t-shirt) ou en périphérie (comme un manteau) ?* ».

# Bateaux sur l'eau

Qui n'a jamais tenté de fabriquer un bateau de fortune à partir de matériaux naturels trouvés au bord de l'eau ? Voici quelques astuces de fabrication à transmettre à votre enfant : cette flotte ne sera peut-être pas à toute épreuve, mais le plaisir sera sauf !

## matériel

**Bouchons de liège, plumes, feuilles, écorces, brindilles, gousses, fleurs… Bâtonnets de glace, colle et pâte à modeler.**

1 L'idéal, pour introduire cette activité, est de rebondir sur une découverte fortuite de votre enfant : en jetant une poignée de paille ou de feuilles dans une mare, **il s'aperçoit que ces matériaux flottent**. Peut-on fabriquer un bateau avec ? Comment ? Le petit radeau ainsi fagoté flotte-t-il ? Longtemps ? Jusqu'où va-t-il ? Quels sont les dangers qui le menacent ? Peut-on l'améliorer ?

L'étape suivante permet de réaliser une construction plus structurée. Installez les matériaux sélectionnés de manière attractive sur une table, et invitez votre enfant à les utiliser pour construire son bateau. Voici quelques pistes à explorer :

- Les bouchons de liège sont idéaux pour servir de structure de base (qui pourra ensuite être décorée).
- Pour le mât, pensez aux bâtonnets de glace, aux plumes et aux feuilles, éventuellement collés ou soudés avec de la pâte à modeler.
- **N'hésitez pas à tester la flottaison des matériaux que vous avez sous la main** (gousses, coques, graines…). Utilisez des herbes larges (de type chiendent) pour servir de liens.

Le test ultime consistera à mettre l'embarcation à l'eau… Que votre enfant ne soit pas trop déçu si elle coule ! Essayez de lui faire tirer les conclusions qui serviront à améliorer la prochaine fabrication…

2 Au bord de la mer, les débris variés que vous récoltez sur la plage peuvent servir de base à une construction flottante : plastique, bois flotté, coquillages… N'hésitez pas à vous investir en famille et à collectionner patiemment, tout au long de votre séjour, des matériaux intéressants, qui viendront s'ajouter progressivement à votre œuvre. **Inaugurez tous ensemble votre navire le jour de votre départ** lors d'une mise à l'eau théâtrale !

*La sécurité d'abord !*

Au bord de l'eau, les enfants doivent toujours jouer sous haute surveillance.

Dès 5 ans

# Mon arc et mon carquois

Fabriquer un arc à partir de zéro, avec l'aide de papa et maman, c'est connaîtr l'excitation de vivre une pointe de danger – sous la tutelle protectrice des adulte qui assurent la sécurité du jeu. Voici donc une activité qui fait grandir, développ l'adresse et l'imagination.

## matériel

**Ficelle, couteau. Mètre en ruban. Pistolet à colle. Tube de carton fort (emballage de poster), ruban adhésif large et robuste. Six boîtes de conserve vides. Branches de noisetier bien droites, plumes.**

1 C'est au début du printemps que vous trouverez les meilleures branches – il est néanmoins possible de fabriquer un arc à n'importe quel moment de l'année. Choisissez **des branches de noisetier très droites**, robustes quoique flexibles, et longues d'environ un mètre. Coupez-les proprement à la base, de façon à favoriser la repousse de nouvelles branches *in situ*.

2 **Calculez les dimensions de l'arc :** mesurez la largeur de la taille de votre enfant au niveau des hanches, puis la longueur d'un de ses bras. Additionnez les deux mesures pour obtenir la longueur de votre branche.

3 Au couteau, réalisez une encoche à deux centimètres de **chaque extrémité** de la branche.

> **Attention**
>
> *L'assistance d'un adulte est essentielle à cette étape !*

4 **Attachez la ficelle** autour d'une des deux encoches, à l'aide d'un nœud coulant. Tende la corde de manière à courber la branche et fixez-la en l'enroulant plusieurs fois autour de la deuxième encoche. Nouez. Assurez-vous que la ficelle ne puisse se dégager des encoches avant de confier l'arc à votre enfant.

5 **Fabriquez les flèches :** utilisez des branchettes de bois sec récoltées en promenade (noisetier, saule, bouleau). L'empennage ajoute une touche réaliste ! Coupez des plumes en deux dans le sens de la longueur et fixez-les de chaque côté de la flèche à l'aide d'un pistolet à colle.

6 **La fabrication du carquois** pourra être prise en charge par l'enfant en autonomie. E guise de bandoulière, il suffit de passer une ficelle dans un tube en carton fort. Terminez en fermant une extrémité du tube à l'aide de ruban adhésif. Laissez votre enfant le décore à sa guise (gommettes, peinture, feutres...).

Dès 5 ans

*La sécurité d'abord !*

> Supervisez toujours votre enfant lorsqu'il utilise un couteau.
> L'arc et les flèches sont utilisés sous la surveillance des adultes : enseignez à votre enfant de ne jamais viser d'êtres vivants et assurez-vous que tous les enfants ont tiré avant de les autoriser à aller chercher leurs flèches.

# Refuge sauvage

Bâtir une cabane est certainement l'une des plus anciennes activités de l'humanité
Les enfants d'aujourd'hui réquisitionnent les canapés, recouvrent les chaises de
vieilles couvertures... Pourquoi ne pas les assister pour leur offrir la possibilité de
construire une vraie cabane, solide et esthétique, qui deviendra leur repaire privé

## matériel

**Vieux gants de jardin, couteau suisse, ficelle, et une bonne dose d'imagination : le principe de cette activité est d'utiliser ce que vous trouverez sur le site !**

1 **Le choix du site.** Si vous avez la chance de bénéficier d'une forêt près de chez vous, mettez-vous en quête de l'emplacement idéal. Pour les moins bien lotis, un bout de jardin ou de pré conviendra. Respectez toujours la faune et la flore locale, et choisissez un site bien sec, dépourvu de végétation. Assurez-vous de disposer de suffisamment de bois mort, de toutes tailles, dans le périmètre. Pour plus de solidité et de poésie, essayez d'appuyer votre construction sur un élément existant : tronc couché, rocher...

### La sécurité d'abord !

*Ne laissez pas les enfants utiliser des couteaux sans surveillance. Méfiez-vous des plantes épineuses et prévoyez des gants pour toute la famille. N'allumez pas de feu en forêt !*

2 **La construction.** La supervision d'un adulte est indispensable !

- Commencez par choisir trois grosses branches longues et épaisses que vous lierez solidement par leur sommet à l'aide d'une ficelle ou d'un jonc, pour obtenir une structure pyramidale.

- Habillez la plus grande des faces de la pyramide, le mur « porteur », de branches plus petites, verticales puis horizontales. Puis continuez avec des joncs, de la mousse et des feuilles. Commencez toujours par le bas, en entremêlant les végétaux patiemment, le plus densément possible. Si ce travail est bien fait, la cloison sera imperméable !

- Habillez plus grossièrement la deuxième face de la pyramide, en la consolidant de bâtons plantés assez serrés dans le sol, par exemple, et appuyés contre ce cadre. Vous pouvez aussi appuyer ce mur contre un élément naturel (rocher, tronc...).

- La troisième face de la pyramide reste vide pour figurer la porte.

③ Après l'effort... Décorez votre cabane selon l'inspiration et fêtez votre nouvelle maison avec un pique-nique !

Dès 6 ans

# Moulage d'empreintes

Les empreintes d'animaux sont plus aisément identifiables en hiver et au début du printemps : elles s'impriment aisément dans le sol boueux et ne sont pas cachées par la végétation, rare à cette époque. Partez en chasse au crépuscule pour augmenter vos chances d'en découvrir !

## matériel

**Couvercle de camembert évidé, de manière à obtenir un anneau fermé rigide (ou d'autres types de boîtes, selon la forme et la taille du moulage souhaité). Boîte en plastique, gobelet, gourde remplie d'eau. Plâtre de Paris en poudre. Bâton. Papier journal, vieille brosse à dents.**

1 Repérez, lors de vos promenades, **un endroit argileux particulièrement boueux**. Prenez le temps, au fil des jours, d'observer les variations de consistance de la boue et les paramètres qui l'influencent : humidité, vent... Apprenez à prédire les jours où la boue aura la bonne consistance pour cette activité (ni trop molle, ni trop sèche) et visitez régulièrement ce lieu pour traquer les empreintes laissées par les animaux (chien, canard, mulot...), mais aussi les hommes (semelles, roues de vélo ou de tracteur...).

2 Montrez à votre enfant comment **placer l'anneau en carton autour de l'empreinte** sélectionnée et enfoncez-le dans le sol avec des gestes doux, pour obtenir un cadre.

3 Aidez votre enfant à **fabriquer le plâtre** : utiliser le gobelet pour doser une mesure d'eau à verser dans la boîte en plastique. Saupoudrez ensuite la surface de l'eau d'environ deux mesures d'eau, et stoppez lorsque le plâtre affleure à la surface. Mélangez à l'aide d'un bâton propre ; la consistance doit être épaisse et crémeuse.

4 Versez délicatement le plâtre dans le cadre de carton sur une épaisseur d'environ 3 cm. Laissez sécher une demi-heure, puis détachez avec précaution. Enveloppez le moulage dans une feuille de papier journal pour le rapporter chez vous, et le mettre à sécher. Au bout de deux heures, le plâtre est suffisamment sec pour être débarrassé de la boue : montrez alors à votre enfant comment le nettoyer à l'aide d'une vieille brosse à dents. L'empreinte apparaît !

### La sécurité d'abord !

*Avant de manipuler la boue, veillez à ce que les plaies éventuelles sur les mains de votre enfant soient protégées d'un pansement. Assurez-vous qu'il se lave soigneusement les mains après l'exploration.*

### Variante

Si vous ne trouvez pas d'empreintes animalières à mouler, réalisez un moulage de vos mains ou de vos pieds imprimés dans la boue Vous pouvez aussi réaliser des empreintes avec des objets naturels : coquilles ou coquillages, écorces, pommes de pin, feuilles...

Dès 5 ans

# Papillons de nuit

L'attraction irrésistible des papillons de nuit pour la lumière les rend faciles à observer. Choisissez une nuit d'été chaude et humide pour réaliser le « piège suivant… totalement inoffensif, bien sûr !

## matériel

**Vieux drap blanc, ficelle ou corde à linge, sardines de tente. Lampes torches.**

1 **Fabriquez le « piège » :** suspendez un drap blanc sur la corde à linge de votre jardin, et écartez ses deux pans de manière à former une tente. Les deux bords doivent toucher le sol : fixez-les dans la terre à l'aide de sardines ou de grosses pierres. Sous ce toit improvisé, creusez deux cavités dans le sol pour y placer les lampes torches (enveloppez-les préalablement de plastique pour ne pas les salir), orientez les faisceaux de lumière vers l'intérieur de la tente.

2 **Observez les insectes** attirés par la lumière, et expliquez à votre enfant qu'ils la confondent avec la clarté de la lune qui leur sert de point de repère dans leurs déplacements. Les observations seront plus riches si elles ont lieu à la nuit noire (vers 23 heures). Enfin, soyez patients ! Il faudra une heure ou deux pour que le « piège » grouille d'insectes nocturnes.

3 **Attirez l'attention** de l'enfant sur les insectes qui se posent sur le drap : combien d'espèces différentes peut-il repérer ? Aidez-le à décrire les papillons observés, à rechercher leurs noms dans un guide, et à les dessiner.

### Variante

*Ce « piège » peut être réalisé en forêt, dans une tourbière… afin d'observer la diversité de la faune locale.*

Dès 6 ans

*La sécurité d'abord !*

*Cette activité est à réaliser sous la surveillance d'un adulte, et jamais par temps de pluie.*

# Fabriquer des nids d'oiseaux

La construction d'un nid est délicate, le résultat ne sera pas aussi solide et harmonieux que les réalisations des oiseaux – qui, pourtant, n'ont pas de mains ! –, mais cette activité, en les initiant à l'ornithologie, permettra aux enfants de prendre conscience de l'importance de l'environnement pour le règne animal.

## matériel

**Nid(s). Sac à trésors. Argile de potier et petit bol. Matériaux divers : herbes, lambeaux de plastique, poils...**

1. **Montrez un nid à votre enfant :** *« Qu'est-ce que c'est ? À quoi ça sert ? Où trouve-t-on les nids ? Avec quoi l'oiseau le fabrique-t-il ? »* Aidez votre enfant à observer finement et à énumérer les matériaux utilisés, visibles dans la trame de l'ouvrage.

2. **Expliquez que l'animal vit en harmonie avec son environnement,** qui lui apporte ce dont il a besoin, en posant systématiquement la question de la provenance des matériaux : *« Où ce nid était-il situé ? Où l'oiseau a-t-il trouvé ces matériaux ? »* Fournissez toujours le lexique précis : « crin », « lichen »... Montrez que certains matériaux utilisés ne sont pas « naturels » mais fabriqués par l'homme, qui interfère dans l'environnement des oiseaux.

3. **Affinez vos observations :** *« Quelle est sa forme ? Comment ce nid a-t-il été fabriqué ? Les branches sont entremêlées, de la boue sert de ciment... »* Faites une recherche sur chaque type de nids, et les matériaux utilisés en fonction de l'environnement, selon les espèces. *« Quel type d'oiseau a construit le nid que tu tiens ? »*

4. **Sortez pour « jouer aux oiseaux »** et collecter des matériaux pour fabriquer un nid (herbes, lambeaux de plastique, touffes de poils, ficelles...). Aidez votre enfant à préparer une « boue » à base d'argile de potier en la mélangeant avec de l'eau jusqu'à ce qu'elle ait la consistance du ciment humide.

5. **Encouragez votre enfant à tisser et entrelacer** des tiges solides pour élaborer la structure du nid, puis à l'habiller pour qu'elle soit confortable. Cimentez l'œuvre avec l'argile et laissez sécher quelques jours.

6. **Quand le nid est terminé, allez le placer dans un arbre du jardin.** Réfléchissez ensemble à une place adéquate, à l'abri des prédateurs. Photographiez l'œuvre en situation, puis expliquez qu'un oiseau n'utilisera jamais un nid fabriqué par l'homme. Votre enfant peut donc choisir de conserver son travail, ou le laisser sur place – il constituera une réserve de matière première appréciable pour les oiseaux du printemps.

Dès 6 ans

Conseil

*Prenez soin de « récolter » votre nid en automne, une fois la période de nidification terminée.*

# Le monde est une énigme !

Pour découvrir le monde, jouer au détective dans un coin d'extérieur est idéal. Que votre enfant souhaite écrire un roman policier ou mener une enquête naturaliste, les questions à résoudre sont les mêmes. Il n'est pas nécessaire que vous connaissiez vous-même les réponses aux questions que vous posez : votre enfant sera ravi de les découvrir avant vous !

1 **Trouvez un mystère :** une trace, un signe qui marque votre environnement, ou un étrange objet qui semble raconter une histoire…

2 **Qui ?** Qui a laissé cette trace ? Observez sa taille, sa profondeur, sa forme, le nombre de doigts, la présence ou l'absence de griffes, de queue… À quelle espèce appartient cet animal ? Que pouvons-nous dire sur cet animal en tant qu'individu ?

3 **Quoi ?** Que mange cet animal ? Qui mange cet animal ? Qu'est-ce que ces traces nous apprennent sur ses habitudes ? D'où viennent les traces ? Où vont-elles ? Comment l'animal se déplace-t-il ? S'est-il arrêté, a-t-il tourné ?

4 **Quand ?** De quand datent ces traces ? Ont-elles subi l'action du vent, du soleil, de l'humidité… ? À quel moment de la journée cet animal est-il le plus actif ? À quel moment dort-il ? Est-il possible qu'il s'agisse d'un vieux sujet ? Ou d'une femelle avec des petits ?

*Conseil*

*Une énigme se résout plus facilement à plusieurs, dans la discussion. Orientez l'échange vers un brainstorming (chacun dit tout ce qu'il sait sur l'animal, en rebondissant sur les paroles du voisin) qui permet de résoudre les problèmes de manière créative et évite l'écueil du « J'ai raison/Il a tort ».*

5 **Où ?** Les traces mènent-elles à l'habitat de l'animal ? Où vit cet animal habituellement ? Où se nourrit-il ? Où dort-il ? Où trouve-t-il sa nourriture et son eau ? Dans quelle mesure la saison influence-t-elle son déplacement ? Où élève-t-il ses petits ? Où est-il en ce moment ?

6 **Pourquoi ?** Pourquoi cet animal était-il ici, et pas ailleurs ? Que trouve-t-il ici ? Qu'était-il en train de faire ?

Dès 6 ans

7 **Comment ?** Imitez la manière dont cet
nimal se déplace. Comment son corps
ouge-t-il ? Peux-tu te sentir aussi gros que
ui, ou aussi petit ? Peux-tu essayer de
ercevoir le monde comme il le perçoit ?
-t-il des organes sensoriels inconnus de
ous qui pourraient lui donner des
nformations (moustaches, antennes...) ?

*Variante*

*Le pistage ne concerne pas seulement les mammifères. Les plantes, insectes, poissons, roches, nuages... peuvent constituer d'autre sujets d'étude (voir p. 30 « Cherchez l'indice ! »).*

# Dans la même collection « Apprendre en s'amusant » :

## > 6-10 ans

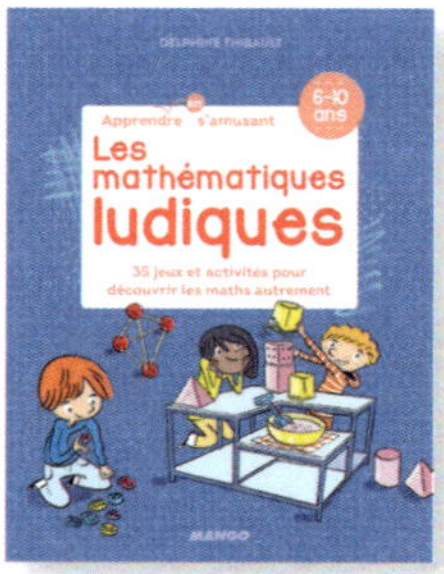

## Retrouvez-nous :

sur Instagram : @mangoeditions
et sur facebook : @Mangofamillecomplice

## > Crèche et maternelle

Ce livre s'inscrit dans une démarche écoresponsable :
- Il est composé de matériaux issus de forêts bien gérées, certifiées FSC® et d'autres sources contrôlées.
Cette certification garantit une empreinte carbone réduite et une gestion raisonnée de la forêt, qui maintient la biodiversité et protège les écosystèmes.
- Il est imprimé avec des encres à base d'huile végétale, c'est-à-dire fabriquées principalement à partir de matières premières renouvelables, sans huiles minérales et biodégradables.
Il a été imaginé et conçu en France, et imprimé en Europe.

FSC www.fsc.org
MIXTE
Papier issu de sources responsables
FSC® C007507


Direction : Guillaume P
Direction éditoriale : Tatiana Delesal
Édition : Julie Co
Direction artistique : Chloé Ev
Mise en pages : Vincent Fraboule
Illustrations : Oreli Gou
Photographies : Istock à l'exception de
page 26 (Shutterstoc
Direction de fabrication : Thierry Dubu
Suivi de fabrication : Marie Dubour
1re édition - N° d'édition : M210
ISBN : 978-2-3170-2692-
Code MDS : MN2692

Achevé d'imprimer en décembre 2020 pa
Graphycems en Espagn



Dépôt légal : janvier 20
www.mangoeditions.co